Cannes Venedig Berlin - Die großen Filmfestivals

ÜBER DEN AUTOR:

Matthias Greuling, geboren 1978 in Wien, arbeitet seit 1997 als freier Journalist und Filmkritiker für verschiedene Zeitungen und Zeitschriften, darunter für die Tageszeitungen „Kurier" und „Salzburger Nachrichten" sowie für die Wochenzeitung „Die Furche". 2000 gründete er als Herausgeber und Chefredakteur die österreichische Filmzeitschrift „celluloid", die vierteljährlich erscheint. Die Zeitschrift beschäftigt sich mit dem europäischen Arthaus-Kino. Matthias Greuling hat seit 2000 als Journalist an über 35 internationalen Festivals teilgenommen.

MATTHIAS GREULING

CANNES VENEDIG BERLIN

DIE GROSSEN
Filmfestivals

Eine Publikation der österreichischen Filmzeitschrift celluloid

Band 1
Eine Buchreihe der österreichischen Filmzeitschrift **celluloid**
www.celluloid.at

1. Auflage: Mai 2004

© 2004 by Verein zur Förderung
des österreichischen und des europäischen Films,
A-2340 Mödling, Neusiedlerstrasse 54
Titelfoto, Gestaltung, Satz: Matthias Greuling

Herstellung und Verlag: Books on Demand GmbH, Norderstedt

ISBN 3-8334-1064-7

Der Preis dieses Bandes versteht sich einschließlich der gesetzlichen Mehrwertssteuer.

INHALT

VORWORT UND AUFBAU DES BUCHES

Gleich vorweg: Dieses Handbuch ist für all jene geschrieben, die zum ersten Mal zu einem großen Filmfestival unterwegs sind. Es soll einen ersten Überblick über Ablauf, Organisation und Hintergründe liefern. Speziell bei den Festivals von Cannes, Berlin und Venedig lautet das Motto: Selbstorganisation ist alles. Dabei soll Ihnen dieses Buch behilflich sein.

Überall auf der Welt schießen sie wie die Pilze aus dem Boden: Filmfestivals. Jedes mittelgroße oder kleine Städtchen verfügt schon über ein eigenes Festival, mit verschiedensten Ausrichtungen und Zugängen. Sei es nun das Studentenfilmfestival im Nachbarort, Filmfestivals zum asiatischen Kino oder auch internationale Festivals mit Wettbewerben und Preisvergaben. Die Notwendigkeit von Festivals zeigt sich vor allem darin, dass weltweit immer mehr Filme produziert werden, die außer auf Festivals sonst nirgends gezeigt werden könnten. Festivals sind für viele Filme sozusagen überhaupt die einzige Chance, Öffentlichkeit zu bekommen.

Da sind auch die in diesem Buch vorgestellten Festivals von Cannes, Venedig und Berlin keine Ausnahme. Obwohl diese drei Festivals zu den sogenannten A-Festivals (die Crème de la creme!) der Welt gehören, findet auch hier die überwältigende Mehrheit der Filme nach dem Festival keinen Auswertungsplatz mehr. Oft auch dann nicht, wenn sie im Hauptbewerb gezeigt werden. Der Wettbewerb am Filmmarkt ist hart wie nie zuvor.

Hart ist es aber auch, ein Festival wie Cannes, Venedig oder Berlin als Teilnehmer zu überstehen. Bei meiner ersten Teilnahme am Festival von Cannes im Jahr 2000 als Journalist stand mir der Schweiß im Gesicht, weil man mit diesem Monsterfestival anfangs überhaupt nicht zurecht kommen kann. Was ist wo? Wo bekomme ich welche Unterlagen? Warum braucht es zum Festivalausweis (der Akkreditierung) noch einen Sub-Ausweis, wenn man zu bestimmten Screenings (Vorstellungen) gehen will? Wenn ich zwei Filme, die zur gleichen Zeit in zwei unterschiedlichen Kinos laufen, gehen will – wie geht das? Nach nunmehr insgesamt über 35 Festivalteilnamen auf der ganzen Welt habe ich nun Tipps und Hintergründe der drei wichtigsten Festivals der Welt gerade für Festival-Neulinge zu diesem Buch zusammen gestellt. Die so entstandene Basis-Information kann natürlich niemals die persönliche Erfahrung ersetzen, dennoch finden Sie – so denke ich – einen interessanten und informativen Einblick hinter die Kulissen der großen Filmfestivals Cannes, Venedig und Berlin. Egal, ob sie als Filmemacher, Journalist, Pressebetreuer, Filmeinkäufer, Kinobesitzer, Verleiher oder Filmstudent zum ersten Mal zu einem Festival fahren; egal, ob Sie dort als Tourist nur einige Blicke auf die Stars erhaschen wollen; egal, ob Sie vielleicht selbst in ihrer Heimatstadt ein Festival aufziehen möchten: Ich hoffe, für alle ist in diesem Buch Interessantes dabei. Manches wird Sie überraschen, manches möglicherweise auch enttäuschen.

Matthias Greuling, April 2004

Cannes, Blvd de la Croisette

FESTIVAL DE CANNES

ASSOCIATION FRANCAISE DU FESTIVAL INTERNATIONAL DU FILM
3, rue Amélie, F-75007 Paris

Tel: +33 (0) 1 53 59 61 00
Fax: +33 (0)1 53 59 61 10

E-mail: festival@festival-cannes.fr
Web: www.festival-cannes.org

Cannes, Südfrankreich

Gegründet 1939/46

Termin: Mai

Hauptpreis: Goldene Palme

OFFICE DU TOURISME
Esplanade Georges Pompidou
BP 272
F-06403 Cannes Cedex

Tel: +33 (0)4 92 99 84 22
Fax: +33 (0) 4 92 99 84 23

Email: tourisme@semec.com
Web: www.cannes-on-line.com/
semec/semfr/officefr.html

⸱CANNES⸱

Lassen Sie sich von der menschenleeren Idylle auf dem Foto nicht täuschen: Die Croisette wurde hier zwei Tage vor Beginn des Filmfestivals von Cannes aufgenommen. Die Plakate sind schon affichiert, doch die Massen werden erst eintrudeln. Denn während des Festivals ist die Croisette, der Prachtboulevard von Cannes, vollgepackt mit Menschen. Einige sind Filmemacher, Journalisten oder Festivalmitarbeiter, die meisten jedoch kommen als Touristen, um einmal einen Blick auf die Reichen und Berühmten zu erhaschen.

Wer kennt sie nicht, die barbusigen Schönheiten, die sich vor den gierigen Linsen der Fotografen am Strand von Cannes räkeln? Cannes ist seit Jahrzehnten das bedeutendste Filmfestival der Welt. Jeder, der einmal Filmluft geschnuppert hat, möchte seinen Film an der Croisette auf der Leinwand sehen. Das Motto lautet: Dabeisein ist alles, die Goldene Palme für den besten Film ist nur eine Zugabe. Cannes ist elitär, versnobt, eingebildet und darf es auch sein: Denn alles, was Rang und Namen hat im Filmgeschäft, trifft sich im Mai hier im stets sonnigen Süden Frankreichs zum kollektiven Filmeschauen und – nicht zu vergessen – zum Party-Hopping.

GESCHICHTE

Indirekt hat die Gründung des Cannes-Festivals mit Hitlers NS-Regime zu tun: Im faschistischen Italien hatte man bereits ein internationales Festival installiert: Die Mostra del Cinema von Venedig gilt als das älteste Filmfestival der Welt und wurde, je näher der Krieg rückte, zunehmend von deutschen und italienischen Preisträgern dominiert, um die faschistische Allianz der beiden Länder auch am Filmsektor zu unterstreichen. 1939 standen alle Zeichen auf Sieg für den französischen Film „La Grande Illusion" von Jean Renoir. Doch der Goldene Löwe (der damals noch Coppa Mussolini hieß) ging in diesem Jahr an Leni Riefenstahls „Olympia" und den italienischen Film „Luciano Serra, Pilota", der von Mussolinis Sohn gemacht wurde.

Grund genug für die Franzosen, ihr eigenes Festival ins Leben zu rufen, um dort ihre Filmwirtschaft gebührend zu feiern. Mehrere Austragungsorte standen zur Debatte, schließlich kamen Cannes und Biarritz an der Atlantikküste in die Endausscheidung. Cannes machte das Rennen, wegen „seiner sonnigen und bezaubernden Atmosphäre", wie es damals hieß. Das erste Festival sollte am 1. September 1939 beginnen, doch mehr als die Eröffnungsgala ging nicht über die Bühne: Frankreich und England hatten Deutschland nach Hitlers Polenfeldzug den Krieg erklärt.

Und so war erst einmal Pause für die Filmkunst an der Riviera. Erst ab 1946 fand das Festival regelmäßig statt, ab 1949 in dem eigens dafür erbauten Palais Croisette, auf dessen Gelände heute das Noga Hilton Hotel steht.

34 Jahre lang wurde das Festival dort ausgetragen.

Während in den ersten Jahren Filme aus verschiedenen Ländern gezeigt wurden, jeweils proportional zu deren cineastischem Output, und das Festival eher den Charakter eines Forums hatte, wurde es in den 50er Jahren immer größer und beliebter. Eine Pariser Juwelierin hatte 1954 die Idee, den Hauptpreis in Form einer Goldenen Palme zu vergeben, Regisseur Jean Cocteau zeichnete darauf hin eine schnelle Skizze der Palme. Im darauffolgenden Jahr wurde sie zum ersten Mal überreicht.

In diese Zeit fallen auch die ersten nackt abgelichteten Starletts, die seinerzeit freilich viel mehr Aufregung erzeugten als heute. Denn heute braucht es dazu mehr: Als Begleiterscheinung der Filmfestspiele finden heute in Cannes jedes Jahr die „Hot d'Or"-Awards statt, bei denen die besten Pornofilme ausgezeichnet werden.

1960 fand zum ersten Mal der „Cannes Market" statt, eine Art Filmmesse, bei der Filmeinkäufer und Verleiher Filme wie Waren einkauften. Der „Cannes Market" ist heute der weltgrößte Markt seiner Art: Hier werden die großen Deals zwischen Produzenten, Kinoketten und TV-Sendern gemacht.

Mit der „Critic's Week" und der „Director's Fortnight" wurden in den 60er Jahren zwei Nebenschienen im Programm integriert. 1968 wurde das Festival wegen politischer Proteste unterbrochen: Francois Truffaut, Jean-Luc Godard und andere Anhänger von Henri Langlois, Chef der „Cinematheque Francais", verhinderten Screenings durch aktionistische Auftritte.

Erst in den 70er Jahren ging das Festival dazu über, nicht mehr bloß Filme nach den Ursprungsländern, sondern nach eigenen Kriterien auszuwählen, wie es heute weltweit üblich ist. Amerikanische Filme dominierten das Festival: Von Robert Altmans „M.A.S.H." (1970) über Martin Scorseses „Taxi Driver" (1976) bis hin zu Francis Ford Coppolas „Apokalypse Now" (1979) reichten die Preisträger. 1978 rief Gilles Jacob, der heutige Festivalpräsident, die Nebenreihe „Un certain regard" ins Leben, in dem bis heute fast immer die frischesten und innovativsten Filmarbeiten zu sehen sind. Seit 1983 logiert das Festival im großen „Palais des Festivals", das wegen seiner Hässlichkeit gerne verächtlich „Bunker" genannt wird.

Heute ist Cannes unzweifelhaft das berühmteste und wichtigste Festival der Welt. Seit 2000 trägt man auch der neuesten Entwicklung in der Kinotechnik Rechnung: Mit Lars von Triers „Dancer in the Dark" gewann erstmals ein Film, der auf Digital Video gedreht wurde.

DIE FESTIVAL-SEKTIONEN

Compétition

Im Hauptbewerb des Festivals werden abendfüllende Spielfilme und Kurzfilme gezeigt, die um eine ganze Reihe an Preisen kämpfen. Der Hauptpreis ist freilich die Goldene Palme (Palme D'Or), die für den Gewinner einen großen Box-Office-Effekt haben kann oder Filmen aus entlegeneren Regionen schon des öfteren einen Weltvertrieb gesichert hat. Neben der Goldenen Palme werden folgende Preise vergeben: Der Große Preis der Jury, für den Film, der der Jury am originellsten erscheint. Die

beiden Preise für den besten Darsteller, bzw. die beste Darstellerin, der Preis für den besten Regisseur sowie der Preis für das beste Drehbuch. Die Preise können zwar „ex aequo" geteilt werden, nicht aber im Fall der Palme D'Or. Außer in den Darsteller-Kategorien können Filme nicht mit mehreren Preisen ausgezeichnet werden. Im Kurzfilmwettbewerb wird als Hauptpreis ebenfalls eine Goldene Palme vergeben.

Beim 56. Festival de Cannes waren aus über 2000 Einreichungen 20 abendfüllende Filme und neun Kurzfilme für den Wettbewerb ausgewählt worden.

Hors compétition

Unter dem Titel „Außer Konkurrenz" werden jedes Jahr Filme im offiziellen Programm gezeigt, die in anderen Sektionen keinen Platz finden würden, weil es die

Regeln oder Voraussetzungen nicht erlauben. Oft handelt es sich um große US-Blockbuster, die zwar mit Kunstkino nichts zu tun haben, aber im Falle einer Cannes-Premiere jede Menge US-Stars anziehen, was dem Festival natürlich viel Publicity sichert. Nicht selten sind es diese Filme, die Cannes' Ruf als Glamour-Festival begründen. Die US-Studios haben das Werbepotential erkannt und trimmen ihre Cannes-Premieren stets zu „Special Events" hoch. 2003 hatte beispielsweise „Matrix Reloaded" seine Premiere in Cannes. Es gibt aber auch andere Fälle: Michael Hanekes Film „Wolfzeit" wurde 2003 bereits in den Wettbewerb eingeladen. Doch weil der französische Regisseur Patrice Chércau in diesem Jahr Präsident der Jury war und in Hanekes Film auch als Darsteller mitwirkte, musste der Film aufgrund dieser Unvereinbarkeit wieder aus dem Wettbewerb genommen werden und lief dann eben „außer Konkurrenz".

Un certain regard

Diese Reihe wurde 1978 gegründet, um zahlreiche andere Reihen, die es damals gab, in einer zusammen zu fassen. Un certain regard ist eine Art Schaufenster für das aktuelle Weltkino, die meisten Filme, die den Titel „selection officielle" tragen, werden in dieser Reihe präsentiert. Preise gibt es keine, lediglich Filmemacher, die ein Erstlingswerk vorstellen, haben die Chance auf die Camera D'Or, für die sich aber Erstlingsfilme aller Sektionen qualifizieren.

Cinéfondation

Eine relativ neue, 1998 gegründete Leiste, in der jedes Jahr kurze und mittellange Filme von Filmstudenten aus aller Welt gezeigt werden. Die jeweils 15 ausgewählten Filme werden von einer eigenen Jury bewertet, die auch Geldpreise vergibt.

La Quinzaine des réalisateurs

1968 wurde diese auch unter ihrem englischen Namen „Director's Fortnight" bekannte Nebenreihe gegründet, als Proteste und die Streiks in Frankreich die Organisatoren dazu zwangen, das Festival abzubrechen. Ins Leben gerufen von Jacques Doniol-Valcroze und veranstaltet von der „Société des Réalisateurs de Films" (der Vereinigung der Filmregisseure) will diese Reihe vor allem wenig bekannten Filmemachern und Filmländern das Tor nach Cannes öffnen. Dabei kommt es weniger auf Budgets oder Filmformate an, als vielmehr darauf, eine Weltöffentlichkeit herzustellen. Diese Sektion ist die einzige, die auch dem Publikum völlig offen steht. Cannes ist grundsätzlich kein Publikumsfestival wie etwa Venedig oder auch Berlin, sondern bleibt im großen und ganzen Presse und Filmbranche vorbehalten. In der „Quinzaine" sind meist die radikalsten und außergewöhnlichsten Filmproduktionen des Festivals zu sehen. Viele der heutigen Regiegrößen zeigten ihre ersten Filme in dieser Reihe, darunter auch der seinerzeit unbekannte Martin Scorsese, bei dessen Film „Mean Streets" 1974 keiner der Journalisten im Anschluss mit ihm geplaudert haben will.

Semaine Internationale de la critique

Die 1962 gegründete Nebenreihe ist die älteste des

Festivals. Organisiert wird diese Reihe nicht vom Festival selbst, sondern vom „Syndicat Français de la critique de cinéma" (Vereinigung französischer Filmkritiker). Jedes Jahr wählen internationale Filmkritiker etwa ein Dutzend Filme von Debüt- und Jungfilmern aus, die im Wettbewerb um den Großen Preis der „Critics Week" antreten. Ähnlich der „Quinzaine des réalisateurs" ist auch die „Critic's Week" ein bewährtes Karrieresprungbrett für junge Talente. Filmemacher von Bernardo Bertolucci bis Ken Loach zeigten in dieser Reihe ihre Filme.

Marché du Film

Der weltgrößte Filmmarkt ist vergleichbar mit einer knallbunten Messeveranstaltung. In dem erst 2000 gebauten Komplex „Riviera" (7000 Quadratmeter Ausstellungsfläche) im Anschluss an das „Palais des Festivals" finden sich jedes Jahr mehr als 6000 Teilnehmer aus über 70 Ländern ein, um mit den Rechten an über 2000 Filmen zu handeln. Ein Filmeinkäufer kann während des Festivals aus über 1000 Screenings wählen. Hier wird das große Geld des Festivals gemacht. Prinzipiell kann jeder, der etwas zu verkaufen hat oder Filmrechte einkaufen will, am Filmmarkt teilnehmen, das heißt, wenn er zunächst die Einschreibgebühr bezahlt.

NACH CANNES ALS FILMEMACHER

Jeder träumt davon: Sein Werk im „Palais des Festivals" an der Croisette einem interantionalen Publikum aus Presse und Filmhändlern vorzuführen. Dass dies oft nur ein Traum bleibt, beweisen die Zahlen: Mehr als 2000 Filme aus aller Welt werden jährlich zur Begutachtung eingereicht, aber nur gut 55 Spielfilme und etwa 40 Kurzfilme werden in das offizielle Programm aufgenommen.

Was gilt es zu beachten?

Die unterschiedlichen Festival-Sektionen werden von verschiedenen Auswahlgremien programmiert, das heißt, für den Hauptbewerb, die Reihe Un certain regard und die Reihe Cinéfondation – der sogenannten „Selection Officiel" oder auch „Official Selection" – ist die Festivalorganisation des „Festival de Cannes", also gegenwärtig Herr Gilles Jacob und seine Gefolgsleute, direkt zuständig. Für die Quinzaine des réalisateurs und die Semaine de la critique beurteilen eigene Organisationen die eingereichten Filme.

Einen Film einreichen

Wer einen Film auf gut Glück nach Cannes schickt, muss zunächst einmal mit einer Ablehnung rechnen. Üblicherweise sind es die nationalen Film-Kommissionen oder Organisationen der jeweiligen Länder, die die Einreichungen an das Festival koordinieren. In Deutschland ist dies etwa die Export-Union Deutscher Film, in Österreich die Austrian Film Commission. Das heißt: Wenn Sie einen Film gedreht haben, und ihn selbst und ohne professionelle „Rückendeckung" durch Ihr nationales Filminstitut einreichen, sind Ihre Chancen, ins Programm aufgenommen zu werden, sehr gering. Hier spielt auch sehr viel Politik mit. Versuchen können Sie es aber trotzdem: Es gibt genügend Beispiele, bei denen es funktioniert hat.

Bei manchen Wettbewerbsbeiträgen der letzten Jahre wunderte man sich zudem immer wieder, wie es diese Filme in den Wettbewerb geschafft haben: Vincent Gallos „The Brown Bunny" lief 2003, und nachdem der Film einer zweistündigen Autobahnfahrt mit Herrn Gallo gleicht und die Presse in ein selten so einiges Buh-Konzert einstimmte, durfte laut über die Auswahlkommission gelästert werden. Gilles Jacob, seine rechte Hand Thierry Frémaux und der Rest der Bande sind nicht umsonst berühmt-berüchtigt für ihre Filmauswahl!

Aber nun wieder ernsthaft:

Filme, die für den Wettbewerb (in oder außer Konkurrenz) und für Un certain regard eingereicht werden, müssen grundsätzlich folgende Kriterien erfüllen:

- Der Film muss während der letzten 12 Monate vor dem Festival produziert worden sein.

- Der Film darf nicht außerhalb seines Ursprungslandes aufgeführt worden sein.

- Der Film darf nicht bereits an anderen Festivals oder Filmevents teilgenommen haben, auch nicht über das Internet! (Cannes pocht sehr auf Exklusiv-Aufführungen)

- Der Film muss Artikel 1 der Festival-Charta respektieren (siehe unten)

- Kurzfilme dürfen die Länge von 15 Minuten nicht überschreiten (hier gab es allerdings immer wieder Ausnahmen)

Artikel 1 der Festival-Charta:

The spirit of the Festival de Cannes is one of friendship and universal cooperation. Its aim is to reveal and focus attention on works of quality in order to contribute to the progress of the motion picture arts and to encourage the development of the film industry throughout the world.

Werden Filme für die Filmstudentenreihe Ciné-fondation eingereicht, gelten folgende Richtlinien:
-   Der Film muss in den 18 Monaten vor dem Festival produziert worden sein.
-   Der Film darf nicht schon auf anderen großen Filmfestival gezeigt worden sein.
-   Der Film darf eine Länge von 60 Minuten nicht überschreiten.

Zur Sichtung genügt es, eine VHS-Kassette des Films einzureichen, wobei auch DVDs akzeptiert werden. Reicht man für den Langfilm-Wettbewerb ein, so können auch schon projektionsfertige Kopien zur Sichtung geschickt werden. Kurzfilme werden allerdings nur auf VHS oder DVD akzeptiert.

Während eingereichte Langfilme eine Bearbeitungsgebühr von derzeit 25 Euro erfordern, sind Kurzfilme von diesen „registration fees" ausgenommen.

Wichtig: Ist Ihr Film in englischer oder spanischer Sprache gedreht, brauchen Sie ihn für das Auswahlkomitee NICHT untertiteln lassen. Ist er aber auf Deutsch (oder in einer anderen Sprache), werden englische bzw. französische Untertitel verlangt. Geht sich das zeitlich oder finanziell nicht aus, hieße die Notlösung, eine Abschrift der Dialogtexte mitzuschicken.

In den letzten Jahren hat auch die digitale Technik vor dem Filmfestival von Cannes nicht Halt gemacht. Zunächst hatte man sich gegen Formate wie DVCam, DV oder MiniDV gesträubt, doch spätestens seit Lars von Trier 2000 mit seinem Videofeature „Dancer in the Dark" die Goldene Palme gewann, stehen auch in Cannes die Zeichen auf „numérique" (französisch für Digital). Wer also seinen Film unter Low-Budget-Konditionen auf Video gedreht hat, muss nicht verzweifeln: Im Falle einer Aufnahme ins Programm muss aber damit gerechnet werden, dass der Film auf projektionsfähiges Zelluloid ausbelichtet werden muss. Dass dieser Umstand mitunter mehr kostet als der ganze Film, steht auf einem anderen Blatt. Doch nicht selten finden sich im Fall einer Cannes-Auswahl rasch Fernseh-Stationen (wie etwa Arte), die als Schlussfinanziers einsteigen und deren Logos dann groß im Vorspann prangen.

Weitere Details zu Filmeinreichungen (Adressen, etc.), sowie Online-Formulare dazu finden Sie unter www.festival-cannes.fr

NACH DER AUSWAHL

Wenn Sie tatsächlich das seltene Glück haben sollten, dass ihr Film in einen der Bewerbe aufgenommen wurde, dann können Sie sich ruhig zurücklehnen, getrost ein Bierchen trinken und sich freuen. Dann aber bitte zurück zur Ernsthaftigkeit! Beachten Sie im Falle einer Auswahl folgende Punkte unbedingt:

- Bereiten Sie Ihren Film für das Festival vor: Sie brauchen einen 35mm-Print (wie gesagt: das kostet!!!), Sie brauchen französische Untertitel auf der Kopie, dazu benötigen Sie englische Untertitel, die via digitaler Untertitelung synchron zugespielt werden, so ihr Film nicht ohnehin in englischer Sprache ist.

- Stellen Sie sich darauf ein, eine Unzahl von Presseunterlagen herstellen zu müssen, mitunter in sehr kurzer Zeit: In Cannes weilen über 4000 Journalisten, und alle sollten einen Folder oder eine Pressemappe und Standfotos Ihres Filmes erhalten. Es gibt allein 2000 Pressefächer, zumindest diese sollten Sie mit einem Presseheft bestücken (Mehr dazu im Kapitel Pressematerial).

Um die eben aufgelisteten Punkte werden Sie sich kümmern, wenn Sie der Produzent des Films sind, doch manche Regisseure haben Ihren Film auch selbst produziert, oder wollen das in Zukunft tun, weshalb eine Beschäftigung mit „Publicity" nicht unwichtig ist.

Die Jury

In Cannes gibt es zwei vom Festival bestimmte Jurys, die aus Mitlgiedern der Filmbranche bestehen und die am Ende des Festivals die Preise vergeben. Anders als beim Oscar, wo ein demokratischer Mehrheitsentscheid mehrerer tausend Stimmberechtigten entscheidet, sind es hier nur wenige Köpfe, die den Film zu Siegesehren verhelfen können.

Die Hauptjury, die die Filme des Wettbewerbs begutachtet, besteht aus einem Jurypräsidenten und neun

Mitgliedern der Filmbranche aus aller Welt (das können Regisseure, Drehbuchautoren, Schauspieler, etc. sein). Sie vergibt folgende Preise:

Die Goldene Palme – für den besten Film des Festivals
Den Großen Preis – sozusagen der zweite Preis
Die Preise für die beste Darstellerin und den besten Darsteller
Den Preis für den besten Regisseur
Den Preis für das beste Drehbuch
Den Jury-Preis, den in der Regel ein Filmtechniker erhält

Die Kurzfilmjury nimmt sich die Filme des Kurzfilmbewerbs und der Cinéfondation unter die kritischen Fittiche. Sie besteht aus einem Präsidenten und vier Mitgliedern der Filmbranche und vergibt folgende Preise:
-Die Goldene Palme für den besten Kurzfilm
-Bis zu zwei Jury-Preise für weitere Kurzfilme
-Sowie je einen Preis für die drei besten Filme der Reihe Cinéfondation
Die Jury der Camera D'Or (seit 1978) muss sich alle Erstlingswerke quer durch alle Festivalsektionen anschauen (auch die der Quinzaine und der Semaine de la Critique). Ausgezeichnet wird der beste Erstlingsfilm des Festivals. Die Jury hat einen Präsidenten und etliche Mitglieder aus der Filmbranche.

Pressematerial
In Cannes gibt es für einen Film nichts wichtigeres als gesehen zu werden. Was nicht unbedingt heißt: im Kino

gesehen. Denn die hektischen 12 Tage an der Cote d'Azur erlauben es weder der Presse noch den Filmeinkäufern, alle Filme zu sehen, und noch weniger: Alle gesehenen Filme zu verarbeiten. Market-Screenings und auch Presse-Vorführungen sind oft davon gekennzeichnet, dass ein ständiges Kommen und Gehen im Saal herrscht. Viele Buyer oder Journalisten wollen oft nur einen Eindruck von einem Film erhaschen, und verlassen den Saal nach 10, 20 oder 30 Minuten bereits wieder. Das hat nichts mit Unhöflichkeit zu tun, sondern einfach mit der Tatsache, dass beide Berufsgruppen einen Überblick über das Gesamtfestival benötigen, den sie dann nach Hause mitnehmen. Wenn Sie also nicht gerade Lars von Trier heißen, wird es auch in ihrem Film zahllose Akkreditierte geben, die während der Projektion die Flucht ergreifen.

Umso wichtiger ist es, dass jene Buyer und Journalisten dann bei sich zu Hause ihren Film wieder finden. Das heißt: Wenn sie ein ansprechend gestaltetes Presseheft haben, dazu einige aussagekräftige Fotos (bitte keine langweiligen Two-Shots), so ist die Chance groß, dass man sich auch nach dem Festival an Ihren Film erinnert. Das wichtigste sind gute Standbilder, die sowohl als Print, als CD-Rom und auch im Presseheft abgedruckt sein sollten. Bilder, die man leicht wieder erkennt. Eine Geschichte wird immer über das Bild verkauft, aber das braucht man Ihnen als Filmemacher wohl ohnehin nicht zu erklären, oder? Auffallend ist jedoch, wie wenig gute Presseunterlagen es zu den gezeigten Filmen gibt.

Das Plakat zu dem österreichischen Spielfilm „Lovely Rita" (2001) von Jessica Hausner klebte beim Festival

2001 auf jedem Hotel, auf jeder Plakatwand und prangte auf dem Cover jedes der sechs Festival-Dailies. Dass sich die offensive Marketing-Strategie dank des einprägsamen (weil einfachen) Sujets gelohnt hat, zeigt das Interesse an diesem kleinen Independent-Film: Der Film konnte damals in etliche Länder verkauft werden, und erntete von der Presse teils hymnische Kritiken. Auch Journalisten sind manchmal visuelle Typen, die sich verführen lassen.

Was sollten Sie also tun?

Berücksichtigen sie bei der Erstellung Ihrer Presseunterlagen stets folgenden Grundsatz: Keep it short and simple – Kurz und einfach halten! Wer zuviel Text druckt, zu wenig Bilder hat, zu kleine Bilder oder elendslange Inhaltsangaben abdruckt, hat schon verloren: Im Getümmel tausender Filme muss Ihr Film **HERVORSTECHEN**, was er nur erreicht, wenn die Unterlagen klar, übersichtlich, und ansprechend gestaltet sind, und das Wesentliche vermitteln.

Zum Wesentlichen gehören:

DAS PRESSEHEFT

Ein Presseheft sollte leicht lesbar, übersichtlich und formschön sein (ein von Zeitungen geprägter Journalist soll es gerne anschauen wollen), darüber hinaus soll es alle relevanten Informationen zu Ihrem Film enthalten:
-Eine Synopsis (Inhalt in wenigen Zeilen)
-Einen Langinhalt (ausführlicherer Inhalt)

-Produktionsnotizen (wo Sie auf Hintergründe zur Entstehungsgeschichte Ihres Filmes eingehen können)

-Ausführliche Filmo- und Biografien der wichtigsten Darsteller sowie des Regisseurs (und eventuell des Produzenten, so er ein eitler Bursche ist)

-Eine Aufstellung aller Mitwirkenden – vom Kabelträger bis zum Beleuchter.

-Ganz wichtig: Am Ende des Presseheftes finden sich Kontaktadressen zum Produzenten und zum Pressebetreuer! Geben Sie dabei auch die Telefonnummern an, unter denen diese Leute in Cannes während des Festivals erreichbar sind. Und vergessen Sie nicht, jedenfalls eine englischsprachige Version ihres Presseheftes herzustellen, raffinierte Produzenten drucken eine französische oder eine englisch/französische Fassung, um sich nicht den Groll der französischen Presse zuzuziehen. Sie wissen: Die Franzosen sind sehr eitel, was ihre Sprache betrifft.

Pressehefte müssen nicht unbedingt vierfarbig gedruckt werden. Gerade sehr prägnante, zweifarbige oder auch schwarzweiße Pressehefte können in dem Farbüberfluss der anderen positiv auffallen. Und kosten auch um einiges weniger.

Grundsätzlich abzuraten ist von einfachen Fotokopien. Diese fallen in Cannes (und sonst auch nicht) überhaupt niemandem auf und landen meist gleich nach der Entleerung des Pressefaches im daneben aufgestellten Mülleimer. Sparen Sie also nicht am falschen Platz und geben Sie die Gestaltung der Pressehefte in professionelle Hände. Es wird sich auszahlen!

PRESSEFOTOS

Stellen Sie ein Set aus fünf bis zehn (nicht mehr und nicht weniger) Stills (Szenenbilder) aus Ihrem Film zusammen, dazu vielleicht ein Bild des Regisseurs am Set. Die Bilder sollten aussagekräftig sein, mit simplen Two Shots ist es nicht getan – die druckt keine Zeitung. Die Bilder sollten quasi die Essenz Ihres Filmes darstellen. Suchen Sie nach Schlüsselszenen.

Wenn Sie am Set keinen Standfotografen gehabt haben, können Sie zur Not immer noch Fotos direkt vom Filmnegativ scannen, was aber den Nachteil hat, dass diese um einiges körniger und unschärfer sind, als Bilder, die mit einem Fotoapparat gemacht wurden.

WEBSITE

Geben Sie auf ALLEN Ihren Presseunterlagen neben einer Kontaktadresse unbedingt auch eine Web-Adresse an (nach Möglichkeit sollte sie so lauten wie der Filmtitel). Im Internet präsentieren Sie das Presseheft sozusagen online: Gleicher oder weiterführender Inhalt, dazu eine umfangreiche Download-Sektion mit allen Fotos (in druckbarer Qualität: 300 dpi, Format: JPEG). Auch hier gilt: Einfache, leicht handhabbare und zielführende Gestaltung. Keine FLASH-Sites, keine aufwändigen Animationen. Keep it short and simple! Journalisten haben keine Zeit für Ihre literarischen oder computeranimatorischen Ergüsse, sondern wollen Information auf einen Blick!

IHR PRESSEBETREUER

In Cannes will die internationale Presse optimal mit

Informationen versorgt werden: Dazu gibt es Presse-agenten und –betreuer, die sich Ihrer cineastischen Meis-terwerke annehmen. Eine Liste mit den wichtigsten Pressebetreuern auf dem internationalen Parkett finden Sie im Anhang.

AM FESTIVAL TEILNEHMEN, WENN SIE KEINEN FILM DORT HABEN

Wird Ihr Film wider Erwarten nach Cannes eingela-den, so brauchen Sie sich um nichts mehr zu kümmern: Das Festival wird Sie gleich mit dazu einladen.

Cannes ist mehr oder weniger ein Festival, bei dem alles vorgeplant ist. Nichts wird dem Zufall überlassen: Von der Filmauswahl bis zur regelmäßigen Kontrolle der Abfalleimer auf Bomben.

Cannes ist nicht der beste Platz für junge, angehende Filmemacher, um ihre Werke vorzustellen, aber es ist der beste Platz für Sie, um einmal hautnah und in zwölf Ta-gen komprimiert mitzuerleben, wie das Filmgeschäft NACH dem Dreh funktioniert. Seien Sie sich immer bewusst: Film, auch der künstlerisch anspruchsvolle, wird gemeinhin auch als Ware begriffen und nicht als reine Kunst.

Wer sich also für einen Trip nach Cannes entschließt, dem tun sich mehrere Möglichkeiten auf: Entweder rei-sen Sie als Schaulustiger an und campieren tage- und nächtelang vor den Hotels und dem Palais des Festivals, um einen guten Platz zu ergattern und die Stars aus nächster Nähe zu sehen. Abends stellen Sie sich dann fein rausgeputzt stundenlang vors Palais und quatschen Passanten mit dem Satz „Vous avez une invitation?" an, in der Hoffnung, irgendjemand überlässt Ihnen ein Ticket für eine der Kinovorstellungen.

Akkreditierung

Sie können aber auch den anderen Weg wählen: Sie besorgen sich eine Akkreditierung. Diese bringt Sie nicht nur in Vorführungen und in die heiligen Mauern des Palais; auch beim Eingang von Hotels wie dem Martinez, dem Carlton oder dem Majestic werden Ausweißsträger eingelassen, nervige Fans aber abgewiesen. Wofür muss ich in die Hotels, die ich mir ohnehin nicht leisten kann, werden Sie fragen. Hotels sind nicht zu unterschätzen in Cannes, vor allem die teuren: Die meisten Film-Companys mieten sich hier Business-Suiten für die Dauer des Festivals, viele Empfänge und Partys finden hier statt. Der ideale Ort, um zwischen zwei Filmen Kontakte zu knüpfen, oft auch einfach bei einem Espresso um fünf Euro in der Hotel-Lobby.

Es gibt prinzipiell drei Arten von Akkreditierungen in Cannes: Jene für die Professionals (Branche), jene für den „Marché du Film" und jene für die Presse. Grundsätzlich ist anzumerken: Alle Filme, die im offiziellen Programm und in den Nebenreihen gezeigt werden, sind MEHRMALS zu sehen. Keine Panik, wenn Sie ein Screening versäumt haben. Es gibt immer noch andere: Einmal für die Presse, einmal für den Markt, einmal eine offizielle (mit Abendkleidung). Sprechen Sie mit den Menschen (ja, es sind Menschen!), die die Filme gemacht haben oder sie am Festival vertreten: Mit Sicherheit haben sie auch irgendwo eine VHS davon rumliegen, in die Sie reinschaun können. Lassen Sie sich dazu gute Ausreden einfallen, weshalb Sie gerade diesen Film sehen müssen. Immer gut ist so was wie „Mein Chef vom Filmverleih soundso will den Film für unser Land kaufen, will aber noch die Meinung seiner Mitarbeiter einholen". Mehr zum Thema Screenings im Abschnitt „Screenings".

Wenn Sie nicht wie weiland Truffaut und Godard ebenberuflich als Journalist tätig sind, können Sie die Sache mit der Presseakkreditierung gleich vergessen. Sie ist das beste, was man in Cannes bekommen kann, und bleibt ausschließlich der Presse vorbehalten (mehr dazu im Kapitel „Nach Cannes als Journalist").

Die beste Art für Sie ist die sogenannte „Accreditation Festival de Cannes", eine Akkreditierung für Menschen aus der Filmbranche. Die Akkreditierung, so sie gewährt wird, kostet nichts und bringt Sie in alle relevanten Vorführungen und Hotels. Dabei hängt es davon ab, in welcher Sparte Sie tätig sind. Auf der Website des Festivals www.festival-cannes.fr finden Sie genaue Informationen, bei welcher Organisation Sie sich um eine Akkreditierung bemühen müssen, dh. welche Organisation gerade für Ihre Berufsgruppe zuständig ist.

Produzenten beispielsweise wenden sich an Unifrance (www.unifrance.org). Dort suchen Sie ab Januar bis spätestens Ende März – am besten per Fax – um „Festival Accreditation" an. Sie können aber auch versuchen, sich an Ihre nationalen Filmkommissionen oder Organisationen zu wenden, die oft die Aktivitäten heimischer Filmschaffender in Cannes koordinieren.

Jedes Akkreditierungsformular ist nummeriert, das heißt, wenn Sie noch andere Mitarbeiter Ihrer Firma anmelden möchten, brauchen Sie für die eigene Formulare. Fotokopien werden nicht akzeptiert.

Füllen Sie das Formular, das Ihnen auf Anfrage zugesandt wird, gewissenhaft aus. Erfüllen Sie GENAU die Vorgaben auf dem Vordruck, tanzen Sie nicht aus der Reihe mit unleserlicher Schrift oder unvollständigen Angaben. Das gilt übrigens für alle Akkreditierungen in Cannes: Fehlt was, oder ist etwas unleserlich, wandern sie in den Mülleimer.

Der Akkreditierung beifügen müssen Sie zwei aktuelle Passfotos und Ihre Visitenkarte. Ebenso schick macht sich der eigene Firmenstempel. Geben Sie auch an, wo Sie in Cannes wohnen werden, das suggeriert, dass Sie längst eine Bleibe gefunden haben und auch schon die ersten Nächte via Kreditkarte berappen mussten. Damit tut sich die jeweilige Organisation schwer, Ihren Antrag abzulehnen. Wenn Sie schließlich doch wo anders wohnen, ist das egal: Die Daten werden nur dazu verwendet, sie als Teilnehmer im offiziellen Festivalkatalog samt Adresse in Cannes zu listen.

Außerdem müssen Sie natürlich angeben, an welchen Filmen Sie bereits mitgewirkt haben. Während früher einfach drei Features reichten, ist man jetzt strenger: Unterlagen, aus denen hervorgeht, dass Sie an den angegebenen Filmen mitgearbeitet haben, sind erforderlich. Das können Pressehefte sein, in denen Ihr Name steht, aber auch Shooting-Schedules oder Presseartikel. In jedem Fall lohnt es sich, die Organisationen direkt zu kontaktieren, um zu wissen, worauf sie Wert legen.

Sie können in der Regel auch einen Partner (Ehefrau oder –Mann) mitbringen, der nicht in der Filmbranche tätig sein muss. Kinder werden grundsätzlich nicht akkreditiert.

Üblicherweise hört man nach der Einreichung seiner Akkreditierung lange nichts von den einzelnen Organisationen. In der Regel werden die Anträge positiv behandelt, dh. Sie können das Restrisiko eingehen, und am ersten Festivaltag in der Akkreditierungs-Office vorbeischauen, ihren Pass herzeigen und Ihre Akkreditierung mitnehmen. Gehen Sie aber doch lieber auf Nummer sicher (gilt übrigens für alle Akkreditierungen): Fragen Sie nach! Geben Sie Ihre E-Mail-Adresse an, damit man Ihnen per Mail eine Bestätigung (Confirmation) zusenden kann, was in den letzten Jahren doch Usus geworden ist.

Die Akkreditierung für den „Marché du Film"

Haben Sie Filme zu verkaufen oder wollen Sie welche einkaufen? Dann ist eine Market-Akkreditierung das Richtige für Sie. Diese Plastikkarte bringt Ihnen die gleichen Vorteile wie die „Professional Accreditation", die wir weiter oben besprochen haben. Und noch mehr: Mit dem Market Badge können Sie auch die Market Screenings der angebotenen Filme besuchen. Sollten Sie keine „Professional Accreditation" erhalten haben, so versuchen Sie es mit einer „Market Accreditation": Dort ist man weniger zimperlich, was die Auswahl der Antragsteller betrifft. Was auch daran liegt, dass diese Form der Festivalteilnahme Geld kostet. Viel Geld. Die Akkreditierung kostet so in etwa 650 Euro, doch dafür können Sie noch vier Leute aus Ihrer Firma mitbringen.

Sie kommen mit Market Badges allerdings nicht in Pressevorstellungen, und umgekehrt auch nicht. Mehr Informationen zu Market Badges erhalten Sie auf der Website des „Marché du Film":

www.cannesmarket.com

Screenings

Sie kommen doch nach Cannes, um ins Kino zu gehen, oder? Und nicht in irgendwelchen Bars zu versanden, Hummer und Lachs zu speisen, oder sich tagsüber in der südfranzösischen Sonne zu garen.

Die meisten Professionals, die nach Cannes kommen, bekommen von eben jener Sonne nicht allzu viel mit: Denn die meiste Zeit verbringen sie neben ihren Meetings und Business-Lunchs damit, sich Filme anzusehen. Morgens, bei Sonnenaufgang rein in den Bunker, abends bei Sonnenuntergang wieder raus. Im Klartext: Cannes ist KEIN Urlaub.

Es gibt verschiedene Arten von Screenings in Cannes: Presse-Screenings, Market-Screenings, Gala-Screenings, private Screenings usw. Je nachdem, mit welchem Festivalausweis Sie kommen, können Sie sich nach Belieben in die Screenings begeben. Vorsicht: Es gilt fast überall die freie Platzwahl (außer bei den Gala-Screenings). Ein rechtzeitiges Anstehen in der Schlange lohnt sich also. Wer zu spät kommt, muss draußen bleiben: Erstens sind die Screenings meistens gepackt voll, zweitens gibt es in Cannes keinen Einlass mehr, nachdem der Film begonnen hat. Ausnahmslos.

Zuerst aber müssen Sie sich einen Überblick verschaf-

fen: Denn die Unzahl der Vorführungen lässt es einfach nicht zu, seinen Tag auf gut Glück zu verdingen. Eine genaue Planung ist anzuraten. Zumal es keine komplette Liste aller Screenings gibt, da die verschiedenen Sektionen von unterschiedlichen Organisatoren betreut werden. Die einzige Möglichkeit, sich einen halbwegs kompletten Überblick über die Screenings des Tages zu verschaffen, bilden die sogenannten Cannes-Dailies. Die großen Film-Business-Magazine Variety, Hollywood Reporter, Screen International, Moving Pictures und Le film francais produzieren jeden Tag eigene Cannes-Ausgaben, die in allen großen Hotels sowie im Palais gratis aufliegen. Diese Magazine zu ergattern sollte Ihre allererste Tat in der Früh sein.

Darin finden sich nicht nur Infos und Fotos zu aktuellen Ereignissen an der Croisette, sondern auch die Scree-

nings des Tages, mal übersichtlich, mal verspielt aufge-
macht, aber jedenfalls ein guter Ausgangspunkt durch
den Filmdschungel. Dazu müssen Sie aber noch wissen,
wo welcher Screeningroom ist, denn in den Beschrei-
bungen der Magazine werden meist die koketten Kurz-
formen der Namen wieder gegeben: Für Grand Auditorium Lumière steht dann meist nur Lumière neben dem
Filmtitel. Die Kinosäle mitsamt Lageplan finden Sie im
offiziellen Festivalkatalog, den Sie sich am Beginn des
Festivals zulegen sollten.

In der Regel wird es kein Problem für Sie sein, in die
Screenings im Theatre Claude Debussy und im Grand
Auditorium Lumière zu gelangen. Stellen Sie sich einfach an (achten Sie dabei bitte immer auf die richtige,
für Sie reservierte Schlange! Stehen Sie in der falschen
Schlange, werden Sie bei Eingang abgewiesen und müssen zurück an den Anfang.), die beiden Säle sind die
Herzstücke des Palais des Festivals und bieten ausrei-
chend Platz (Lumière hat 2500 Sitzplätze). Schwieriger
wird es bei Filmen, die in kleineren Sälen wie dem Salle
André Bazin oder dem Salle Bunuel stattfinden. Weil
dort auch Filme aus dem Wettbewerb und aus „Un certain
régard" gezeigt werden, sind diese Vorstellungen regelmäßig überfüllt. Hier entscheidet dann nicht selten die
Art Ihres „Badges", Ihres Festvialpasses. Wollen Sie als
Filmeinkäufer in eine Pressevorstellung, so rechnen Sie
damit, dass Sie draußen bleiben müssen. Hier gehört die
Priorität der Presse. Umgekehrt verhält es sich ähnlich.
Sie müssen sich in Cannes damit abfinden, dass Sie auf
die kleine Plastikkarte, die um Ihren Hals baumelt, re-
duziert werden.

Für Screenings von Filmen im Wettbewerb benötigen Sie unter Umständen ein Ticket, sollten Sie bloß eine reguläre Festivalakkreditierung haben. Diese Tickets gibt es gratis im Erdgeschoss des Palais des Festivals, aber nur, solange der Vorrat reicht! Sie werden täglich ab 9 Uhr morgens ausgegeben, jeder Akkreditierte erhält nach Vorlage seines Ausweises eine Karte. Diese Tickets sind mit Sitzplatznummern versehen, trotzdem sollten Sie sich rechtzeitig (30 Min vorher) anstellen. Sollten Sie an einem Gala-Screening teilnehmen, beachten Sie bitte, dass es hier spezielle Kleidungsvorschriften gibt: Anzug (mit Krawatte!) und Abendkleid sind dringend anzuraten. Für die übrigen Screenings gelten keine speziellen Vorschriften.

Die Einlassprozedur ist in den letzten Jahren stark verschärft worden. Nach den Terroranschlägen vom 11. September 2001 begann man damit, Taschen zu durchsuchen und mit Metalldetektoren nach Waffen zu suchen. Lassen Sie diese nervige Prozedur in aller Ruhe über sich ergehen, das Security-Personal ist grundsätzlich nett, wenn Sie es auch sind. Grundsätzlich gilt auch, dass Sie in die Vorstellungen keine Aufnahmegeräte jedweder Art mitnehmen dürfen. Kameras und Fotoapparate müssen an der Garderobe abgegeben werden.

Im Kino erleben Sie nach der stets mit Jubelrufen quittierten berühmten Cannes-Signation dann zumeist doppelt untertitelte Filme. Auf dem Film selbst finden sich französische Untertitel, darunter via Digitaltitler englische. Französischsprachige Filme werden nur englisch untertitelt, englischsprachige nur französisch. Die Untertitel sind meist von jeder Position im Kinosaal in ausreichender Größe lesbar. Zusätzlich werden auch simultane Übersetzungen in mehreren Sprachen angeboten, die via Kopfhörer zu empfangen sind.

Insgesamt befinden sich im Palais des Festivals 16 Kinosäle, wobei vor allem jene mit den Buchstaben B bis M für Markt-Screenings verwendet werden. Aber auch im Riviera-Komplex, wo sich der Marché du Film befindet, sind noch mal 8 kleinere Säle eingerichtet worden.

Darüber hinaus finden sich in Cannes jede Menge „normaler" Kinos, die über die Stadt verstreut sind (anders als in Venedig: In der Stadt selbst gibt es kein einziges Kino, das übers Jahr genutzt wird!). Während des Festivals stehen sie alle im Zeichen der Filmschau: Markt- und Privat-Screenings werden dort ebenso gezeigt, wie die Filme anderer Festivalsektionen (die „Quinzaine" findet etwa im Keller des Noga-Hilton statt). Infos zu diesen Kinos finden Sie im Anhang.

CANNES HOT SPOTS

Wenn Sie als Filmemacher nach Cannes kommen und keinen fertigen Film im Gepäck haben, sondern nur ein Drehbuch, ein Treatment oder gar nur eine vage Idee, dann werden Sie wohl enttäuscht werden. Denn in Cannes werden Geschäfte meist nur mit vollendeten, zur Auswertung bereitstehenden Filmen gemacht. Es gibt sicher bessere Orte, um Filmideen zu pitchen. Dennoch: Ausnahmen bestätigen die Regel. Sie können trotzdem Ihr Glück versuchen, und Ihr Motto dabei muss lauten: Kontakte, Kontakte, Kontakte. Vergessen Sie nie, genügend Visitenkarten dabei zu haben.

Im Folgenden einige Hot Spots in Cannes, an denen sich Kontakte besonders leicht knüpfen lassen. Schauen Sie zumindest einmal während Ihres Cannes-Aufenthaltes vorbei.

LE PETIT MAJESTIC

Ein kultiges kleines Lokal, das nicht hinter dem Majestic-Hotel liegt, sondern hinter dem Carlton. Bis in die frühen Morgenstunden treffen sich hier Business-People und Filmleute zum Weintrinken auf offener Straße. Meist ist die Straßenecke so überfüllt, dass die Gäste in Hundertschaften draußen auf der Straße rumstehen und – Konversation treiben. Hier mit jemandem ins Gespräch zu kommen, ist ein Kinderspiel.

HOTELLOBBYS

Kontakte finden sich schnell in den Lobbys der großen Hotels, an der Hotelbar oder bei Events und Veranstaltungen. Sie haben keine Einladung? Versuchen Sie es trotzdem – kreative Ausreden sind gefragt.

MARCHÉ DU FILM – BARS

Auch die Bars und Cafés im Palais des Festivals und im Espace Riviera, wo sich die meisten Filmein- und Verkäufer zwischendurch einen Kaffee oder ein Sandwich gönnen,sind gut zum Kontaktknüpfen geeignet.

THE AMERICAN PAVILLION

Wenn Sie nach Kontakten nach Amerika Ausschau halten, dann sei Ihnen der American Pavillion empfohlen. In einem weißen Riesen-Zelt direkt am Meer, als

Teil der Village International, sind die Amis seit Jahren situiert. Beim Betreten des Pavillions (für jeden Akkreditierten möglich) kommen Sie in eine ganz eigene Welt. Die Amis rotten sich gerne zusammen und sind hier völlig unter sich. Los Angeles Times und Vanilla Coffee inklusive. Hier arbeiten viele Filmstudenten aus den USA, um das Filmbiz kennen zu lernen und der große, direkt am Meer gelegene Gastgarten mit Restaurant bietet nicht nur köstliche Tortilla-Wraps sondern auch viel Gelegenheit zur Kommunikation.

GERMAN BOULEVARD

Ebenfalls im Village International gelegen, ein paar Schritte neben dem American Pavillion: Das deutsche Zelt der Export-Union ist ein wichtiger Umschlagplatz für Kontakte im deutschsprachigen Raum. Viele interessante Infobroschüren zur Filmindustrie gibt's gratis, dazu auch Wasser, Saft und Kaffee. Auch die Schweizer unterhalten ein solches Zelt, die Österreicher sind auf einem Stand im danebengelegenen Espace Riviera vertreten. Ansprechpartner dieser drei Stände vermitteln auch Kontakte zu anwesenden Filmschaffenden aus ihren Ländern.

NACH CANNES ALS JOURNALIST

Für wen ist dieses Kapitel interessant: Journalisten, die noch nie oder erst einmal in Cannes waren, Redakteure, TV-Crews, Medienvertreter, Pressebetreuer (weil die oft nicht wissen, was Journalisten brauchen), aber auch für Filmschaffende im weitesten Sinn (weil die auch nicht wissen, was ein Journalist in Cannes eigentlich tut)

Sie sind heiß begehrt, die Presseausweise in Cannes. Mehr als 4000 Journalisten aus aller Welt kommen jedes Jahr und quetschen sich in Europas größtes Kino, das mit 2.500 Sitzplätzen immer noch zu klein ist: Der Grand Salle Lumière im „Palais des Festivals" ist sogar beim Morgen-Pressescreening um 8.30 Uhr gepackt voll.

Ein Presseausweis in Cannes bringt zahlreiche Privilegien mit sich: Die Filmemacher und Produzenten gehen mit der Presse gerne auf Tuchfühlung, weshalb Journalisten oft zu Partys und Empfängen eingeladen werden. Das Essen ist dort meistens exzellent und führt einem vor Augen, wie angenehm dieser Beruf manchmal sein kann. Doch Vorsicht: Cannes ist ein elitäres Festival, und so gibt es auch hier unterschiedliche Klassen von Journalisten: wer nicht von einer Tageszeitung kommt und zum ersten Mal in Cannes ist, wird mit einem gelben Ausweis bedacht. Der sieht zwar schön aus, doch bringt er Nachteile mit sich. Da sind nämlich noch die Kollegen von der Wochen- und Monatspresse (Blaue Ausweise), die von der Tagespresse (rosa Ausweise) und die – sehr selten vergebenen – weißen Karten für die Abendpresse („Presse soirée"). Wer dort dabei ist, darf sich sicher wie Gott in Frankreich fühlen. Nach den Prioritäten weiß, rosa, blau und gelb werden die Journalisten in die Kinos und zu den Pressekonferenzen eingelassen. Im Klartext: Ein Gelb-Träger stellt sich womöglich eine Stunde vor Vorstellungsbeginn an, und muss am Ende draußen bleiben, weil kein Platz mehr frei ist. Die rosa und die blauen Kollegen haben sich dank ihres höheren Status zuerst auf die Plätze setzen dürfen.

Tagesablauf eines Journalisten in Cannes
Musterbeispiel

Am meisten sind in Cannes wohl die Journalisten unterwegs: Sie müssen sich nicht nur einen Überblick über das Wettbewerbsprogramm verschaffen, sondern sollten auch mal hin und wieder in ein Screening der Nebenreihen schauen. Der Wettbewerb ist vor allem für jene interessant, die aktuell aus Cannes berichten. Schließlich ist nichts peinlicher als gerade den am letzten Festivaltag mit der Goldenen Palme ausgezeichneten Film NICHT gesehen zu haben.

Neben dem Filmprogramm unternehmen viele Journalisten aber auch die Anstrengung (es ist wirklich eine Anstrengung!), Interviews mit Filmemachern oder Schauspielern zu organisieren (mehr dazu im Kapitel „Interviews"). Dann ist da noch das soziale Leben: Bei etlichen Veranstaltungen, Events und Partys sind Journalisten immer auf der Suche nach jener sensationellen Info, die die Kollegen verschlafen haben. Die Cannes-Berichterstattung soll sich ja von den anderen unterscheiden – was angesichts der 4000 Kollegen und Kolleginnen, die auch da sind, keineswegs eine leichte Aufgabe ist.

Und so ist ein Tagesablauf eines Journalisten vollgepackt mit Terminen und Screenings:

Hier ein Muster eines typischen Tagesablaufs, rekonstruiert anhand meines Notizbuches, das ich beim Festival 2003 verwendet habe:

7.00: Aufstehen

7.55: Aus dem Hotel Majestic, schräg gegenüber dem Palais des Festivals, holen Sie sich die aktuellen Festival-Dailies, so Sie nicht ohnehin in Ihrem Hotel aufliegen.

8.00: Um diese Zeit sollten Sie sich im Grande Salle Lumière des Palais einfinden, wenn Sie einen bequemen Platz für die Vorstellung des ersten Wettbewerbsfilms des Tages ergattern wollen.

8.30: Der erste Film des Tages beginnt.

Etwa 10.30-11.00: Nach Filmende ergießen sich tausende Journalisten aus dem Kino in die Hallen und Gänge des Palais des Festivals. Sie strömen zu ihren Pressefächern, plaudern über das eben gesehene Werk, nehmen einen Kaffee (an manchen verborgenen Stellen im Palais wird dieser gratis ausgegeben!) oder hasten in den Salle de Presse, wo sie auf Computern im Internet surfen.

11.00-12.00: Die erste Pressekonferenz zum Morgen-film – Sind Stars dabei, wird's hektisch, einen Platz zu ergattern – auch hier gilt: weiße und rosa Ausweisträger haben Vorrang.

13.00: Kaum Zeit für ein Sandwich, denn weitere Filme aus der Reihe „Un certain regard" und dem Wettbewerb werden gezeigt. Alternativ finden zeitgleich Screenings aus den anderen Festivalreihen statt. Kalkulieren Sie ab diesem Zeitpunkt mitunter lange Warteschlangen vor den Kinos ein, dh. finden Sie sich lieber rechtzeitig vor Filmbeginn ein (ca. 30 Min. vorher), abhängig von Ihrer Akkreditierung. Haben Sie eine rosa Karte, können Sie ein bisschen trödeln, mit einer gelben sollten Sie allerdings als einer der ersten ganz vorne in der Reihe stehen, vor allem bei den Sälen Bazin und Bunuel.

Am Nachmittag könne Sie nach Gutdünken alle möglichen Screenings besuchen, doch dazwischen werden Sie vielleicht auch das eine oder andere Interview führen. Rechnen Sie damit, dass die Interviews an verschiedensten Stellen auf der Croisette stattfinden und Ihnen eine lange Rennerei zwischen den Orten nicht erspart bleibt.

Um ca. 19 Uhr – 19.30 Uhr läuft im Salle Debussy der zweite Wettbewerbsfilm des Tages (mehr als zwei pro Tag werden nicht gezeigt). Anstellen in der schräg stehenden Sonne vor dem Seiteneingang des Palais ist anzuraten.

Nach diesem Screening (ca. 21.30-22.00) wird vermutlich Ihr Hunger über den weiteren Verlauf des Abends bestimmen. Danach haben Sie noch die Möglichkeit, in ein Nachtscreening (22.00 oder gelegentlich auch um

Mitternacht) zu gehen, bei dem Sie zuweilen bereits den Wettbewerbsfilm des folgenden Morgens anschauen können. Sie haben also die Wahl: Morgens ausschlafen, oder stattdessen auf eine der zahllosen Partys gehen und morgens trotzdem um 7.00 Uhr fit zu sein.

Wichtige Infos und Begriffe für Journalisten in Cannes:

Pressefach haben und nicht haben

Das mit dem Pressefach ist so eine Sache. Manche bekommen eines, ohne danach zu fragen, andere bekommen auch dann keines, wenn sie danach fragen. Und auch, wer einmal eines zugeteilt bekommen hat (die Nummer befindet sich unter dem Titel „Casier No." auf dem Festivalausweis), hat keineswegs eine lebenslange Garantie darauf. Wiewohl ein zugeteiltes Pressefach meist über Jahre das gleiche bleibt.

So ein Pressefach hat enorme Vorteile: Alle Materialien über die Filme, dh. Pressehefte, Vorführungszeiten, kurzfristige Änderungen, CDs und CD-Roms, Werbegeschenke (vom T-Shirt bis zum Rucksack) und personalisierte Einladungen landen im Pressefach. Kollegen, die keines haben, müssen sich für die Unterlagen an einem eigenen Schalter anstellen, ohne zu wissen, wonach sie fragen sollen – eine mitunter recht nervige Prozedur. Also wenn Sie eines haben, dann schätzen Sie sich glücklich – es gibt derer nur 2000, aber über 4000 Journalisten! Verwenden Sie das Pressefach niemals als Aufbewahrungsplatz für Ihre Fotokamera oder die Jause – so etwas wird nicht gern gesehen; wird aber gesehen, denn die Rückwände der Fächer sind offen, damit die Helfer dahinter das Material einschlichten können!

Salle de Presse

Der Pressesaal liegt an der Seite des Palais des Festivals und verfügt über eine nur für Journalisten zugängliche wunderbare Terrasse, von der aus man einen ausgezeichneten Blick auf den Roten Teppich („Les Marchés") hat. Der Pressesaal ist ausgestattet mit rund 100 modernsten PC-Anlagen mit High-Speed-Internetanschluss. Die Plätze werden zum Schreiben, Recherchieren, Drucken und Senden von Beiträgen verwendet, die Benutzung ist kostenlos und grundsätzlich zeitlich nicht beschränkt. Gepackt voll ist der Pressesaal meist am frühen Nachmittag, gegen 19 Uhr entspannt sich die Situation. Vor der erstmaligen Benützung müssen sich Journalisten mit ihrem Ausweis am Empfang registrieren, wo sie persönliche Login-Daten und eine Email-Adresse erhalten. Nach dieser Registrierung sind die Plätze je nach Verfügbarkeit frei zugänglich, in Stoßzeiten werden allerdings Wartelisten geführt. Die Wartezeit (in der Regel unter einer Stunde) kann auf der eingangs erwähnten Terrasse recht angenehm verbracht werden.

Les Marchés

So nennt man in Cannes jene dreiviertel Stunde, in der die Reichen und Schönen an den hunderten am Roten Teppich postierten Fotografen vorbeilaufen und das tun, was sie am besten können: Lächeln. Wer kein Fotograf ist, darf nicht auf diesen Teppich, es sei denn, er hat ein Ticket für die Abendgala und schreitet selbst darüber.

Alle „Marchés" werden auch im festivaleigenen TV-Sender übertragen.

Festival TV

Wer nicht die Zeit hat, sich alle Pressekonferenzen live anzusehen, der hat die Möglichkeit, im festivaleigenen Fernsehsender „Festival TV" alles nachzuholen. Der Kanal, dessen Programm nicht nur auf zahlreichen Fernsehschirmen im Palais zu sehen ist, sondern auch via Satellit in vielen der Hotels empfangen wird, berichtet 24 Stunden täglich vom und über das Festival, allerdings in französischer Sprache. Gezeigt werden nicht nur die Pressekonferenzen (nachts werden sie in voller Länge wiederholt), sondern auch die Photo Calls, „Les Marchés", Interviews und Stimmungsbeiträge.

Photo Calls

Jeder Pressekonferenz vorangestellt sind sogenannte Photo Calls, Fototermine. Unter einer weißen Plane auf dem Dach des „Espace Riviera" nehmen dutzende Fotografen Aufstellung, um der Crew der jeweiligen Filme zu harren. Diese lassen sich dann dort innerhalb weniger Minuten tausende Male ablichten. Dann wandern die „Talents" zu Fuß in Richtung Pressekonferenz, die im Palais des Festival stattfindet.

WIE KOMMEN SIE ZU INTERVIEWS?

Wer glaubt, er könne in Cannes mal eben so locker mit Nicole Kidman oder Robert DeNiro plaudern, der irrt gewaltig. Die Zeiten, als man mit den Stars einfach an einer Hotelbar abhängen konnte, sind längst vorüber. In Cannes regiert Stress und Hektik, was natürlich auch für Interviews gilt.

Grundsätzlich verhält es sich so: Wenn Sie nicht für eine in den Augen der Pressebetreuer wichtige Zeitung schreiben oder für einen unverzichtbaren Fernsehsender mit Superreichweite berichten, werden Sie die großen Stars nicht „bekommen". Auch gilt: Wer neu ist in Cannes, muss sich zunächst einmal mit Interviewpartnern der „zweiten Wahl" zufrieden geben, ehe man nach einigen Jahren den meisten Pressebetreuern bereits bekannt ist und an die Top-Talents gelangt. Seine Sporen muss man sich also erst verdienen.

In Cannes werden die meisten Filme von verschiedenen, meist britischen PR-Agenturen betreut, darunter u.a. McDonald & Rutter, Premier PR, Filmpressplus, oder DDA. Im Anhang finden Sie einige der wichtigsten Agenturen mitsamt Adressen. Welche Agentur welchen Film betreut, erfahren Sie auf der Website des Festivals (www.festival-cannes.fr) , sobald das Programm feststeht.

Die Agenturen sind die Anlaufstellen, bei denen Sie sich melden müssen, wenn Sie auf Interviews aus sind. Problematischerweise sind die Büros dieser PR-Leute über die ganze Croisette verstreut, was Ihnen einige hektische Rennereien bescheren wird. Am besten, Sie statten den unterschiedlichen Büros gleich am ersten oder zweiten Festival-Tag einen Besuch ab. Anrufe oder E-Mails genügen NICHT, um ein Interview mit Schauspieler X oder Regisseur Y auszumachen. Sie müssen persönlich vorbeikommen. Sind Sie zum ersten Mal hier, schadet es nicht, ein Exemplar jener Zeitschrift oder Zeitung mit zu bringen, oder ein Tape einer Sendung vom Radio oder TV, für die Sie arbeiten. Idealerweise mit einem Beitrag von Ihnen, der sich auf Film bezieht. Die PR-Ladies und –Boys müssen Sie kennen lernen, Sie in Erinnerung haben und sich Ihr Gesicht vorstellen können, wenn sie Sie kurzfristig anrufen, um ein Interview zu bestätigen oder abzusagen. Und das passiert laufend.

Zunächst einmal werden Sie sich registrieren, und eine Karte mit all Ihren „Cannes Details" (Wohnadresse, Handy-Nummer, Outlets – also Medien, für die Sie arbeiten) ausfüllen. Danach können Sie Ihre Interviewwünsche äußern. Jede der PR-Agenturen hat Listen parat, auf denen die von ihr vertretenen Filme plus aller anwesenden Interviewpartner aufgeführt sind.

Selbstverständlich picken sich die Journalisten gerne die Rosinen aus dem Kuchen. In der Redaktion macht es eben mehr her, wenn man mit George Clooney parliert, als mit einem weniger bekannten Schauspieler wie Sam Rockwell. Bedenken Sie aber: ALLE wollen George Clooney, doch meistens steht er nur für einen halben Tag für Interviews zur Verfügung. Daher gilt: Je größer der Star, desto selektiver gehen die PR-Agenturen daran, „ihre" Journalisten auszuwählen. Und da zählen eben Reichweiten, Quoten und das persönliche Kennen. Die Presseagenten kennen jeden lokalen Markt der Welt ziemlich genau, es hat also gar keinen Sinn, irgendein Medium zu erfinden oder erhöhte Auflagen und Reichweiten anzugeben. Sie werden sofort der Lüge überführt!

Sie wünschen sich also einige Interviews und werden von den stets netten und reservierten Damen und Herren (die Briten sind so!) eiligst aber höflich in die Schranken gewiesen. George Clooney, das geht auf keinen Fall, denn George ist nur two hours hier und Nicole gibt in diesem Jahr nur TV-Interviews, no print! Meistens ist es dann doch ganz anders, aber die Agenten wollen Ihnen halt einfach nicht beinhart ins Gesicht sagen, dass Sie auf der Wichtigkeitsskala ganz unten rangieren. Auch, wenn Sie einer der ersten sind, die sich um Interviews anstellen – viele Interview-Slots werden für bereits bekannte Journalisten aufgespart. Schließlich ist es ein Unterschied, ob Sie für die Frankfurter Allgemeine hier sind oder für die Hintertupfinger Nachrichten. Sollten Sie eine Ablehnung erhalten, so ist das nichts Persönliches gegen Sie - die PR-Agenturen werden von den Produzenten des Films dafür bezahlt, das bestmögliche aus ihrem Film herauszuholen. Und dazu gehören nun mal große Interviews in reichweitenstarken, großen Blättern und elektronischen Medien.

Doch auch hier gilt: Ausnahmen bestätigen die Regel. Wenn Sie mit viel Selbstsicherheit (nicht Überheblichkeit, bitte!) und Charme auftreten, dann werden Sie vielleicht doch in die eine oder andere Interview-Gruppe eingeschleust. Interviews für Print und Radio finden in Cannes in aller Regel in Gruppen statt (doch dazu im folgenden Abschnitt mehr).

Manches Mal kommt einem das Kämpfen und Feilschen um Interviews regelrecht wie ein Handel vor. Mir ist es nicht nur einmal passiert, dass ich zwar den großen Star, den ich unbedingt wollte, bekommen habe, aber nur unter der Auflage, drei andere Interviews mit völlig unbekannten Schauspielern oder Regisseuren anderer Filme zu führen. Im Package befanden sich also „Talents", die zwar oft viel bessere Dinge sagten, als der große Star, deren Interviews ich aber nie verwenden konnte (Mein Chefredakteur: „Wer ist denn dieser XY, von dem habe ich noch nie gehört!"). Nehmen Sie es gelassen: Es hat auch Vorteile. Manchmal sind die Unbekannten nicht nur die besseren Gesprächspartner, sondern auch die Stars von Morgen, die Sie dann in Cannes „entdeckt" haben.

Oft wird bereits beim ersten Gespräch mit den Agenten ein konkreter Interview-Termin vereinbart – mit Datums-, Zeit- und Ortsangabe. Es kommt aber auch vor, dass Sie gebeten werden, erst in einigen Tagen wieder vorbeizuschauen, um das Interview zu einem bestimmten Film bestätigt zu bekommen. Manchmal genügt ein Anruf, manchmal werden Sie auch angerufen. Doch persönlich vorbei zu kommen ist in Cannes immer besser! Auch, wenn es Sie gehörig unter Stress setzen wird.

Wenn Sie sich ordentlich ins Zeug legen, können Sie es schon auf zwei bis drei Interviews pro Tag bringen. Und Sie sollten diese Gelegenheiten nutzen: Nur hier haben Sie 10 Tage lang die gesamte Filmwelt versammelt. Was Sie hier an Content produzieren, kann Sie das ganze Jahr über nähren. Denn die Filme, die in Cannes laufen, starten oft erst Monate nach dem Festival in Ihrem Land im Kino – und dann ist der richtige Zeitpunkt gekommen, um das Interview mit George und Nicole, aber auch mit Regisseur XY in Ihrem Blatt groß zu bringen, oder als TV- und Radio-Feature abzufeiern.

Die Interviews

Seien Sie rund 20 Minuten vor dem vereinbarten Zeitpunkt an Ort und Stelle. Schalten Sie Ihr Handy aus. Vergessen Sie nicht, volle Batterien in Ihr Aufnahmegerät einzulegen – und natürlich leere Discs oder Kassetten. Prüfen Sie das Mikro und achten Sie auf umliegende Geräusche. Gerade für Radio-Journalisten sind belebte Plätze, aber auch Windböen ein Ärgernis auf dem Tape. Die Pressebetreuer, mit denen Sie die Interviews vereinbart haben, sind vor Ort und versuchen, Ihre wie auch immer gearteten Probleme im Vorfeld zu lösen. Fragen Sie, denn dafür sind diese Leute da! Meist werden Sie auch mit Getränken und Snacks versorgt, um Ihnen die Wartezeit zu verkürzen. Denn die Interviews sind zwar im Minutentakt geplant, doch oft genug hinken die Stars dem Zeitplan hinterher. Verspätungen von bis zu einer Stunde sind keine Seltenheit. Planen Sie auch das in Ihren Zeitplan ein. Mitunter beginnt der nächste Film, den Sie unbedingt sehen sollten, zehn Minuten, nachdem das Interview vorbei ist. Wenn das Interview allerdings im Martinez am anderen Ende der Croisette stattfand, dann dürfen Sie sich in Windeseile über die menschenbepackte Croisette zum Palais durchschlagen. Eigentlich unmöglich, aber es funktioniert!

Schminken Sie sich ab, mit jemandem wie Clooney

oder Lars von Trier allein plaudern zu können. Wenn Sie ein TV-Journalist sind, dann bekommen Sie wahrscheinlich 2 Minuten 20 und können ihm drei Fragen stellen (kein Witz). Wahrscheinlich brauchen Sie dazu nicht einmal Ihre eigene TV-Crew mitzunehmen, denn die Filmfirmen stellen immer öfter eine eigene Kamera und Kameraleute zur Verfügung. Das Bild ist bereits optimal eingerichtet, das Filmplakat dahinter dekorativ positioniert, wenn Sie kommen. Sie müssen nur mehr schnell und präzise Fragen stellen. Danach bekommen Sie das Tape direkt mit auf den Weg.

Anders ist das bei Print- und Radiojournalisten. Sie sitzen meist in internationalen Fünfer- bis Zehnergruppen um ein „Talent" herum und stellen abwechselnd Fragen. Sie werden der einzige aus Ihrem Land sein, denn die Agenten teilen so ein, dass nicht zwei Journalisten aus dem gleichen Land das gleiche Interview mit nach Hause bringen.

Die Zeit für die Gespräche reicht von 15 bis 30 Minuten, je nach der Größe des Stars. Schätzen Sie sich glücklich, wenn Sie mal mit John Malkovich eine halbe Stunde in einer Dreiergruppe plaudern können! Das passiert selten (abgesehen davon, dass Malkovich so langsam und überlegt spricht, dass ihnen diese halbe Stunde wie nichts vorkommen wird). Die „Round Tables" sind mittlerweile Usus geworden, Einzelinterviews gibt es nur, wenn Sie von der New York Times sind, oder auch, wenn es ein noch unbekannter Regisseur ist, für den Sie sich interessieren.

Ein Tipp: Auch wenn Sie sich in Gruppen auf die anderen Kollegen „verlassen" können – den Film sollten

Sie vorher unbedingt gesehen haben. Nichts ist schlimmer, als ein Interview mit jemandem zu führen, dessen Film Sie gar nicht kennen. Das ist peinlich und höchst unprofessionell!

Der Vorteil der Gruppeninterviews ist, dass die Stimmung gegenüber einem „Talent" meist recht gelöst und locker ist. Die Nachteile sind, dass durch das wirre Durcheinanderfragen (jeder will ja etwas anderes wissen) nur selten ein Gespräch „aus einem Guss" entstehen kann. Das ist den Interviews, wenn Sie in den Zeitungen erscheinen, meist auch anzumerken. Das beste Interview, das ich je führen durfte, war ein Gespräch mit Dustin Hoffman bei der Berlinale: Der Meister nahm sich jede Zeit der Welt und versuchte, alle gestellten Fragen miteinander in Verbindung zu bringen und einen roten Faden durch sein Gesagtes zu legen. Er ließ sich nicht hetzen, gab keine Standardantworten („The script was great"), erzählte über das Leben, das Älterwerden, philosophierte über Sex und die Liebe und verlor kein Wort über seinen Film. Als ihn die Pressedame unterbrechen wollte, weil 30 Minuten um waren, stutzte er sie zurecht und bestand darauf, weitere 15 Minuten reden zu können.

Das werden Sie selten erleben: Denn je größer die Schauspieler, die Sie interviewen, desto weniger haben sie zu sagen. Sie sind gelangweilt, genervt (geben Sie einmal den ganzen Tag Antworten auf die selben Fragen!) und wollen nur weg. Die Verträge, die Sie unterzeichnet haben, als sie den Film drehten, verpflichten sie nun, hier mit Ihnen über ihren Film zu sprechen. Unter solchen Vorzeichen können Interviews in Cannes auch zum trüben, nichtssagenden Fiasko werden – für beide

Seiten. Nicolas Cage setzte sich etwa gemeinsam mit dem Drehbuchautor und dem Regisseur einer seiner Filme vor die Journalisten und betrachtete sich während des gesamten Interviews eitel-gelangweilt im Hotelzimmer-Spiegel. Er polierte seine Nägel und sprach nur hin und wieder einen belanglosen Satz. Ein unbrauchbares Dreier-Interview, maximal für ein oder zwei Sager in einer Society-Spalte brauchbar. Vor allem am Ende eines Tages sind Stars müde und gereizt (nicht nur Sie!).

Was können Sie tun, um das beste aus den Interviews herauszuholen?

Beobachten Sie die Runde. Lernen Sie Ihre KollegInnen kennen und finden Sie heraus, wofür Sie schreiben. Wenn Sie von der FAZ sind und in einer Runde mit britischen, italienischen und deutschen Boulevardjournalisten sitzen, werde Sie keine Freude haben. So können Sie beim nächsten Mal bereits bei der Interview-Vergabe nachfragen, wer mit Ihnen in der Gruppe sitzt. Meist sind die Agenten ohnehin erfahren genug und geben Sie in eine für Ihr Medium passende Gruppe.

Versuchen Sie nicht, Ihre vorgefertigten Fragen herunterzubeten und abzuhacken, sondern stellen Sie Folgefragen auf Antworten. Versuchen Sie, das Interview damit zu führen. Sprechen Sie nicht allein über die Figuren und Personen des Films, denn diesen Film hat noch keiner ihrer Seher/Leser/Hörer gesehen. Es interessiert niemanden, welchen vielschichtigen Charakter Mr. Clooney darstellt und wie sehr er das Drehbuch mochte.

Werden Sie aber auch auf keinen Fall zu boulevardesk.

Fragen nach Kindern und Ehefrauen, nach Drogen-problemen und Verkehrssünden kommen nicht gut. Nicht selten habe ich es erlebt, dass Interviewpartner auf pi-kante Fragen von Journalisten einfach nicht antworten (harmlos), genervt zurückbrüllen (schlecht, weil es das weitere Interview zerstört) oder gleich aufstehen und gehen. Was nicht heißt, dass Sie keine kritischen Fragen stellen sollten. Aber stellen Sie sie geschickt, zu einem günstigen Zeitpunkt. Warten Sie bis der Interviewpartner entspannt und locker ist, ehe Sie fragen. Heben Sie sich die pikantesten Fragen bis zum Schluss auf – denn dann haben Sie ja schon eine ganze Menge Sachen im Kasten, die man Ihnen nicht mehr wegnehmen kann.

Ein positives Beispiel: Antonio Banderas erzählte uns in Cannes völlig ungeniert, welche massiven Probleme seine Frau Melanie Griffith aufgrund ihres fortgeschrit-tenen Alters in Hollywood habe. Sie sei zu alt und müsse sich jetzt in Europa umschauen, um Jobs zu bekommen. Banderas befand in aller Öffentlichkeit seine Frau für zu alt – das Interview wurde mir von mehreren Seiten aus der Hand gerissen, und ich konnte es sogar an italieni-sche Medien verkaufen!

Ein negatives Interview-Beispiel: Die sonst recht auskunftsfreudige Isabelle Huppert wurde zu dem Film „Wolfzeit" 2003 in Cannes mit einer Interviewgruppe kon-frontiert, die aus acht Männern (!) bestand. Die PR-Agentur war da nicht sehr feinfühlig. Klein und zusammengekauert saß die Huppert also in einem Zim-mer des Majestic, und um sie herum acht wilde Wort-Wölfe, die nur darauf gierten, ihr ein paar Bonmots zu entlocken. Die Szenerie kommt mir jetzt, im Rückblick, richtig angsteinflösend vor. Da saßen acht Typen um diese zierliche Frau herum, was sie irgendwie bedrohlich empfand. Doch damit nicht genug: Gleich die zweite Frage, gestellt von einem Schweizer Kollegen, war: „In den USA haben Schauspielerinnen über 40 keine Chance mehr auf gute Rollen. Glauben Sie, dass das auch in Europa so ist?" Banderas hätte von seiner Frau berichtet. Hupperts Mine hingegen verfinsterte sich dramatisch. Sie, Jahrgang 1955, und dick im Filmgeschäft wie nie zuvor, bellte zurück, dass das überhaupt nicht stimme, und überhaupt sei diese Frage eine Frechheit. Von diesem Zeitpunkt an – die ganzen 25 restlichen Minuten – war aus dem Interview mit diesem französischen Weltstar die Luft raus. Huppert gab nur noch Standardantworten, ging auf die Fragen nicht mehr ein, machte zu. Wiewohl die Frage nach Meinung aller Runden-Teilnehmer ihre Berechtigung hatte, wäre es doch klüger gewesen, sie erst im zweiten Drittel des Gesprächs einzustreuen, um Mme Huppert aus der Reserve zu locken und so ein konstruktives und interessantes Gespräch zu erhalten.

Abschließend muss gesagt werden, dass die Interviews bei Filmfestivals in der Quantität zwar stark zugenommen haben, in der Qualität aber immer oberflächlicher werden. Kein Wunder: Bei durchschnittlichen Interviewzeiten von 3-5 Minuten (TV) bzw. 20-30 Minuten (Radio, Print) in immer größer werdenden Gruppen kann es zu keinem sinnvollen Gesprächsfluss kommen. Viele meiner Journalistenkollegen aus der ganzen Welt sind dieser Meinung und nicht selten kommt es vor, dass einige von Ihnen erst gar nicht zum Interview erscheinen, wenn sie merken, dass die Organisation zu wünschen übrig lässt und aus der angekündigten Kleingruppe von fünf Leuten auf einmal eine Mini-Pressekonferenz mit 40 Teilnehmern wird. Ich erinnere mich an einen Fall, allerdings beim Festival von Venedig, als Tom Hanks und Sam Mendes auf einer solchen elitären Mini-PK (Dauer: gerade mal 30 Minuten) ihren Senf zu „Road to Perdition" abgaben. Viele der aufgestellten Stühle für die Journalisten blieben schließlich leer. Aus dem Material ließen sich höchstens zwei Kurzmeldungen produzieren.

Unterschreiben für Interviews

Von Fall zu Fall kommt es vor, dass die Presseagenten vor dem Interview von Ihnen verlangen, dass Sie eine vorgefertigte Erklärung unterzeichnen, das folgende Interview ausschließlich und einmalig in jenem Medium zu verwenden, für dass Sie sich akkreditiert haben. Viele Journalisten treiben – um sich etwas dazuzuverdienen – regen Handel mit den geführten Interviews und verkaufen sie nicht nur an ihre eigene Zeitung sondern auch noch an andere Medien im eigenen Land oder in anderen europäischen Ländern. Viele tun das ohnehin unter Pseudonym, weshalb die Bemühungen seitens der Agenturen, diesen Handel zu kontrollieren und einen Überblick über die publizierten Interviews zu behalten, meist umsonst sind. Mit dem unterschriebenen Wisch glauben die Agenturen, die Journalisten einschüchtern zu können. In der Regel ist diese Unterschrift aber nichts anderes als ein Gentlemen's Agreement.

CANNES VON A-Z

ANREISE

Cannes liegt in Südfrankreich, unweit von Nizza und Monaco. Die dazugehörige Küste wird Cote d'Azur genannt.

Flugzeug

Die meisten Festivalteilnehmer reisen per Flugzeug an und landen dabei auf dem Flughafen von Nizza, der 27 km entfernt liegt. Die großen Fluglinien (Lufthansa, AUA, Swiss) steuern Nizza direkt an, Sie können aber auch über Paris nach Cannes fliegen.

Vom Flughafen nehmen Sie am besten den direkten Airport-Bus nach Cannes, der sie am Hotel de Ville aussteigen lässt und dafür etwa 12 Euro nimmt. Teurer wird's mit dem Taxi: Da müssen Sie mit bis zu 70 Euro rechnen.

Mehr Infos unter www.nice.aeroport.fr

Bahn

Nicht gerade einfach: Obwohl die SNCF direkt bis nach Cannes fahren, sind die Fahrtzeiten enorm: Von Paris dauert es 12 Stunden bis Cannes, von Wien etwa 24 Stunden.

Auto

Ein Vorteil, wenn Sie viel (Presse-)Material mit sich schleppen: Das Auto. Lars von Trier kommt seiner Flugangst wegen stets mit dem Auto von Dänemark nach Cannes. Abgesehen von den langen Fahrtzeiten werden Sie aber auch Probleme mit der Parkplatzsuche bekommen: Während des Festivals gibt es viele temporäre Parkeinschränkungen, in einer verwinkelten südfranzösischen Stadt, die ohnehin nicht mit allzu viel Parkplätzen gesegnet ist.

Auskunft vor der Reise

Wer sich über die Stadt Cannes informieren will, sollte bei www.cannes.fr vorbeischauen.

BANKEN UND KREDITKARTEN

Die meisten Bankomaten akzeptieren die gängigen Karten Ihres Institutes. Die meisten Geschäfte nehmen Visa, Mastercard oder AmEx. Haarig wird's nur, wenn in Frankreich die Geldtransporteure streiken und übers Wochenende plötzlich alle Bankomaten leergeräumt sind (alles schon erlebt!). Die kostspielige Alternative: Wechselstuben wie Thomas Cook geben Cash Advance von der Kreditkarte.

BOULEVARD DE LA CROISETTE

Die Croisette ist die Prachtstrasse von Cannes, direkt am Meer gelegen. Hier befinden sich die großen berühmten Hotels Carlton, Majestic, Martinez, Noga Hilton und Grand Hotel. Das Festivalgeschehen konzentriert sich auf dieser Strasse, die während des Festivals nur eingeschränkt befahrbar ist. Hier schieben sich nicht nur die Touristenmassen, es kann auch vorkommen, dass man dem einen oder anderen Star begegnet, vor allem vor den genannten Hotels. Am Ende der Croisette befindet sich das Palais des Festivals, das Festivalzentrum.

ESPACE RIVIERA

Rundförmiges Gebäude, dass im Jahr 2000 eröffnet wurde. Es liegt direkt im Anschluss an das Palais des Festivals, unmittelbar am Meer. Gebaut wurde „Espace Riviera", um das aus allen Nähten platzende Palais zu entlasten. Heute befinden sich große Teile des Marché du Film, des Filmmarktes, in diesem modernen Komplex.

ESSEN UND TRINKEN

Rund um den Festivalpalais gibt es zahlreiche Restaurants, die jedoch - wie allgemein üblich in Cannes - gesalzene Preise haben. Selbst McDonald's an der Croisette ist nicht gerade billig.

GARE SNCF

Der Bahnhof in der Rue Jean Jaurès ist unter einer großen Schnellstraße, die durch Cannes führt, untergebracht und liegt ungefähr drei Gehminuten vom Palais des Festivals und der Croisette entfernt. Viele Festivalgäste wohnen ein Stück außerhalb von Cannes, weil es dort billigere Hotelzimmer gibt. Die Bahn (oder die Linien von Bus Azur) ist damit das beste Verkehrsmittel, um ins Stadtzentrum zu gelangen. Vom Vorort La Bocca sind es nur rund fünf Bahnminuten bis Cannes.

HOTELS

Die meisten werden sich die überteuerten Suiten in den großen Hotels nicht leisten können. Doch die Hotels sind zur Festivalzeit nicht bloße Schlafstätten, sondern Orte für Empfänge, Meetings, Interviews, kurz: Business.

Vom Palais des Festivals gehen Sie die Croisette hinunter, wo Sie als erstes auf das Majestic stoßen (Ecke Rue des Serbes). Danach folgt das Grand Hotel (Rue Commandant André), das Noga Hilton (Rue F. Amouretti), das Carlton (Rue Einesy) und das Martinez (Rue Latour Maubourg).

KINOS

Neben den Kinos im Palais des Festivals gibt es in Cannes noch eine Reihe „normaler" Kinos, die während des Festivals aber auch im Zeichen der Filmschau stehen. Hier einige der wichtigsten Lichtspielhäuser:

- Les Arcades, 77, rue Felix Faure
- Espace Miramar (das Kino der Critic's Week), 35, rue Pasteur
- Noga Hilton (das Kino der „Quinzaine des réalisateurs"), 50, Blvd de la Croisette
- Olympia, 18, rue Pompe
- Star, 98, Rue d'Antibes

NOTRUF

Den europäischen Notruf erreichen Sie unter 112. Die Rettung unter 15, die Polizei unter 17, die Feuerwehr unter 18.

PALAIS DES FESTIVALS

Der in den 80er Jahren gebaute Komplex prägt das Stadtbild von Cannes. Verächtlich wird das Palais häufig nur „der Bunker" genannt. Seine vielen verwinkelten und verwirrenden Gänge, Stockwerke und Treppen sind für Cannes-Anfänger eine echte Herausforderung. Wer

hier an seinem ersten Festivaltag nicht in Schweiß aus-
bricht, mit dem stimmt irgendetwas nicht. Im Palais des
Festivals konzentrieren sich die meisten Aktivitäten wäh-
rend der Filmfestspiele: Screenings, Pressekonferenzen,
Filmmarkt, Press Office, Foto-Labors, Presse-Saal und die
Festivalleitung – sie alle (und mehr) sind im klimatisier-
ten Betonbunker am Ende der Croisette untergebracht.
Eingelassen werden ausschließlich Akkreditierte nach
Vorzeigen ihrer Festival-Badges (Plasitkkarten-Auswei-
se, die Sie am Beginn erhalten) plus Gesichtskontrolle.

PREISE

Nahezu sämtliche Preise in der Stadt steigen während
des Festivals teilweise dramatisch an. Hotels verdreifa-
chen in der Regel ihren Normalpreis, die meisten ver-
mieten ihre Zimmer nur für die gesamte Festivalperiode.
Wer also nur ein Wochenende vor Ort sein will, hat nicht
selten Pech. Doch viele Hoteliers verspüren bereits einen Rückgang an Anfragen, weil sich die meisten Gäste
nicht dazu zwingen lassen wollen, die ganze Zeit über zu
bleiben. Die Entwicklung geht jedenfalls in die richtige
Richtung: Wer nach oben hin keine Preisgrenze kennt,
wird irgendwann keine Gäste mehr haben.

Essen und Trinken ist in Restaurants ebenfalls recht
teuer, vor allem in jenen Lokalen, die direkt an oder in
der Nähe der Croisette liegen. Ein kleines Bier („Pressi-
on", 0,2 Liter) kostet etwa 3,30 Euro. Einige Trafiken verlangen mehr für ihre Zigaretten als andere. Wenn Sie günstiger Lebensmittel einkaufen wollen, so sei Ihnen der Su-
permarkt „Monoprix" empfohlen, der schräg gegenüber vom
Bahnhof liegt. Hier finden Sie nicht nur Feinkost, son-

dern auch Haushalts- und technische Artikel (Mini Discs, Kassetten, Batterien, Filme) zu moderaten Preisen.

ÖFFENTLCHE VERKEHRSMITTEL

Der Bus Azur fährt die Croisette entlang, eine Route, die sie oft nehmen werden, und die auf die Dauer in die Beine geht.

RUE D'ANTIBES

Die Einkaufsstrasse von Cannes: Auf der Rue d'Antibes finden sich die meisten Designer und Modeschöpfer. Hinter der Croisette gelegen, bieten sich vor allem die Seitengässchen der Rue d'Antibes an, um ein Schnäppchen zu erhaschen. Auf der Rue d'Antibes sind die Preise nämlich eher gehoben.

STRAND

Direkt neben dem Palais des Festivals befindet sich ein etwa 150 Meter breiter Strand (Eintritt frei), den die Touristen gerne als erfrischende Abkühlung nutzen. Dieser City-Strand ist eigentlich ideal, um mal eben ins kühle Nass zu springen, so das Wasser schon warm genug ist. Mir ist es aber noch nie gelungen, dafür genügend Zeit aufzubringen. Weitere Strände finden sich im Umland von Cannes.

TAXI

Es ist anzuraten, unbedingt vor Fahrtantritt über den Preis zu verhandeln. Die französischen Taxifahrer verlangen gerne überhöhte Preise, zumal sie während des Festivals das Geschäft ihres Lebens wittern.

TELEFON & HANDY

Kostenfalle: Die französischen Mobilfunkbetreiber berechnen teilweise horrende Roaming-Gebühren, wenn Sie mit dem Handy telefonieren. Am billigsten ist Bouygtel, doch hierfür gibt es keine Garantie, da sich die Preise laufend ändern können. Kontaktieren Sie Ihren Mobilfunkbetreiber, um die aktuellen Roaming-Tarife zu erfragen. Billiger geht's übers Festnetz: Die zahlreichen Telefonzellen akzeptieren aber ausschließlich Telefonwertkarten, sogenannte „Telecartes", die sie bei der Post und am Kiosk zu unterschiedlichen Guthaben-Beträgen erhalten. Viele öffentliche Fernsprecherautomaten bieten zudem die Möglichkeit, via Kreditkarte zu telefonieren. Die vertelefonierte Gebühr wird dabei angezeigt, Kostenkontrolle wird dadurch möglich. Kreditkarten-Gespräche sind nicht billig, aber immer noch günstiger, als mit dem Handy zu telefonieren.

TRINKGELD

Wer in Cannes Essen geht, wird sich fragen: So hohe Preise, und trotzdem soll ich noch Trinkgeld geben? Trinkgeld wird in der Rechnung ausgewiesen (service inclus), doch sind in Frankreich zwischen 5 und 10 Prozent Trinkgeld noch immer üblich.

WETTER

Rechnen Sie damit, dass es in Cannes während des Festivals im Mai schon Temperaturen um die 30 Grad haben kann. Schwüle gibt es dank der Lage am Meer selten, zudem sind alle Kinosäle und die großen Hotels vollklimatisiert. Dennoch: Ein Sweater gehört ins Gepäck, so manches Mai-Unwetter wurde schon gesichtet.

Fotografen erwarten die Ankunft der Stars beim Hotel Excelsior

LA BIENNALE DI VENEZIA

**LA BIENNALE DI VENEZIA -
MOSTRA INTERNAZIONALE D'ARTE
CINEMATOGRAFICA**

Tel. +39 041 52 18 711
Fax +39 041 52 27 539

cinema@labiennale.org

www.labiennale.org

Lido di Venezia,
Gegründet 1932

Termin: Ende August/
Anfang September

Hauptpreis:
Goldener Löwe

**AZIENDA PROMOZIONE
TURISTICA DI VENEZIA**

Castello 5050
I-30122 Venezia

Tel. (+39) 0415298711
Fax (+39) 0415230399

Email: info@turismovenezia.it
Web: www.turismovenezia.it

-VENEDIG-

Sie haben nun die wichtigsten Informationen zum Festival de Cannes kennen gelernt. Hier erfahren Sie, wie sich die Festivals von Venedig und Berlin von Cannes unterscheiden. Im Prinzip laufen die Festivals alle nach dem selben Muster ab, und wer einmal in Cannes war und den ganzen Trubel überstanden hat, der ist für Venedig und Berlin ohne gröbere Probleme gerüstet. Denn diese beiden Festivals sind im Unterschied zu Cannes ein Spaziergang.

Vor allem beim ältesten Filmfestival der Welt, der Mostra Internazionale d'Arte Cinematografica, herrscht im Vergleich zu Cannes fast schon eine gemütliche Atmosphäre. Hektik kennen die Italiener bekanntlich keine, weshalb das spätsommerliche Flair am Lido di Venezia Sie mit Sicherheit in Urlaubsstimmung versetzen wird. Aber wir wollen mal nicht übertreiben.

Das Festival beginnt stets in den letzten August-Tagen und dauert bis zum Ende der ersten September-Woche.

Alle Festivalaktivitäten finden auf dem Lido von Venedig statt, einer der Stadt vorgelegenen Insel, die Sie per Boot erreichen. Sie können auf dem Lido auch mit dem Auto fahren, ein – nicht billiger – Fährdienst (Tronchetto) von Venedig fährt im Halbstundentakt.

Mit Moritz de Hadeln bekam das Festival 2002 einen neuen Leiter – und keinen Unbekannten: De Hadeln leitete zuvor mehr als zwei Jahrzehnte die Berlinale, ehe er in Venedig für eine Trendwende sorgte: Während man de Hadeln in Berlin wenig schätzte, schaffte er in Venedig in nur zwei Jahren, woran sein Vorgänger Alberto Barbera gescheitert war. Venedig hatte nämlich über die Jahre viel von seinem einstigen Glanz verloren: Die Stars blieben aus, die Filme, die in Cannes von der Auswahlkommission nicht angenommen wurden, wanderten nach Venedig. Zuweilen dachte man, Venedig sei eine Art 2. Wahl-Festival. Zumal auch das gleichzeitig stattfindende Festival in Toronto in den letzten Jahren stark an Bedeutung gewonnen hat. De Hadeln hat dank seiner Kontakte aber wieder etliche Superstars und Top-Filme an den Lido holen können. Doch schon nach zwei Jahren wurde er 2004 wieder abgelöst: Marco Mueller, vormaliger Chef der Festivals in Locarno und Rotterdam, lenkt ab 2004 die Geschicke der Filmschau.

Ein großer Unterschied zum Festival in Cannes gleich vorne weg: Das Festival von Venedig versteht sich nicht nur als Filmschau für Privilegierte (Filmer, Journalisten, Buyer,...), sondern auch als Publikumsfestival. Heißt: Jeder Lido-Besucher kann sich auch an den Ticketschaltern der Biennale anstellen, um Karten für Vorstellungen zu geschmalzenen Preisen zu erwerben. Die Publikumsvorstellungen finden zwar in den gleichen Kinos wie alle anderen statt, aber zu eigens festgelegten Zeiten. Seit dem Vorjahr können auch Karten via Internet reserviert werden.

GESCHICHTE

Die Kino-Biennale ist das älteste Filmfestival der Welt. Die erste „Esposizione d'Arte Cinematografica" fand 1932 als Teil der 18. Kunst-Biennale von Venedig statt (bis heute ist sie ein Teil der Kunst-Biennale). Dem damaligen Biennale-Präsidenten Giuseppe Volpi ist heute der Schauspieler-Preis „Coppa Volpi" des Festivals gewidmet. Das Ambiente der schmucken Terrasse des berühmten Hotel Excelsior, wo das Debüt stattfand, zog schon damals jede Menge Filmprominenz an, darunter Clark Gable, Greta Garbo, Joan Crawford oder Vittorio De Sica. Der erste Film, der über die Leinwände flimmerte, war Rouben Mamoulians „Dr. Jekyll and Mr. Hyde", andere Filme der ersten Festspiele waren „It Happened One Night" (Frank Capra), „Grand Hotel" (Edmund Goulding) oder „The Champ" (King Vidor).

Bereits beim zweiten Festival, 1934, gab es einen Wettbewerb, schon damals nahmen rund 300 akkreditierte Journalisten teil. Und schon damals stand das Festival im Zeichen des Faschismus. Nicht nur, dass der beste Film den „Coppa Mussolini" bekam; auch die Schauspielerpreise waren braun gefärbt: sie wurden von der „Associazione Nazionale Fascista dello Spettacolo" vergeben. Eine Jury gab es nicht, die Preise wurden nach Rücksprache mit dem Festivaldirektor und unter Einbeziehung von Fachleuten und Meinungsumfragen beim Publikum vergeben.

Dass das Festival von Venedig indirekt zur Gründung des Festivals von Cannes beigetragen hat, haben Sie bereits im Cannes-Kapitel nachlesen können.

1937 wurde der Palazzo del Cinema, ein klassischer faschistischer Mussolini-Bau, der heute die großen Screenings des Festivals beherbergt, eingeweiht. 1938 gab es die erste Retrospektive, sie galt (ausgerechnet!) dem französischen Kino von 1891-1933.

Bis Kriegsende waren die prämierten Filme zumeist Propaganda-Werke der faschistischen Staaten Italien und Deutschland, darunter etwa auch Leni Riefenstahls „Olympia". Nach dem Krieg übersiedelte die Mostra zunächst ins San Marco Cinema, weil die Alliierten den Palazzo del Cinema okkupiert hatten. 1949 kehrte sie an den Lido zurück, und in diesem Jahr wurden auch zum ersten Mal die Goldenen Löwen verliehen.

Ähnlich wie in Cannes bestimmten bis 1956 die einzelnen teilnehmenden Länder, welche Filme in Venedig zur Aufführung gebracht wurden. Danach wurde auch hier die Auswahl der Filme durch eine Kommission eingeführt. In den 50er und 60er Jahren wurde Venedig, neben Cannes, zu dem Mekka für Stars und Sternchen. Glamour und Glitter an allen Ecken und Enden, der erst in den späten 60ern zurückging, als man vermehrt auf die Auswahl filmkünstlerisch bedeutender Werke Rücksicht nahm.

Venedig hatte in dieser Zeit einen großen Einfluss auf die Entwicklung des Kinos weltweit: Dank eines Goldenen Löwen für Kurosawas „Rashomon" (1951) wurde das japanische Kino in weiten Teilen des Westens bekannt. Dasselbe gilt wohl auch für das indische Kino: Satyajit Ray erhielt 1957 für „Aparajito" den Löwen.

Darüber hinaus hat das Festival bis heute einen starken Italien-Bezug: Viele der italienischen Regie-Größen, von Visconti über Fellini, Bertolucci, Pasolini bis zu Antonioni, waren Stammgäste am Lido.

Nach den gesellschaftlichen Revolutionen des Jahres 1968 wurde bis einschließlich 1972 auf die Vergabe von Preisen verzichtet. Das Festival wurde non-kompetitiv. Überhaupt tat sich die Mostra in den 70ern recht schwer: Die Screenings waren über das ganze Stadtgebiet verteilt, programmliche Innovationen fehlten. Erst Anfang der 80er Jahre fand die Mostra zu ihrem einstigen Glanz zurück und die Goldenen Löwen wurden wieder zum Leben erweckt. Neue Filmreihen und Retrospektiven wurden eingeführt, plötzlich war am Lido auch Platz für den experimentellen, künstlerischen Film. Davon profitierte u.a. das deutsche Kino, das hier immer einen besseren Stand als in Cannes gehabt hat. Die 80er und 90er Jahre sahen Preise für Filme von Rainer Werner Fassbinder, Margarethe von Trotta und Wim Wenders. Von Trotta war zudem die erste Frau, die einen Goldenen Löwen gewann.

Heute sind es rund 2500 Journalisten aus aller Welt, die von der Mostra del Cinema, wie die Filmschau kurz genannt wird, berichten. Mit Moritz de Hadeln schien die Mostra wieder auf dem Kurs zu ihrem einstigen Status als glamouröses Welt-Festival zu sein. 2004 wird allerdings Marco Mueller die Leitung des Festivals übernehmen.

Die Festival-Charta

Artikel zwei der Festival-Charta lautet:

The Festival aims to encourage, in an atmosphere of freedom and tolerance, the awareness and the promotion of all aspects of world cinema as an art, as entertainment and as an industry. In addition to the sections mentioned in the following paragraphs, the Festival program will include tributes to outstanding personalities as well as retrospectives, as a contribution to a better understanding of the history of cinema.

DIE FESTIVAL-SEKTIONEN

Wettbewerb · In concorso

Im Hauptbewerb um den Goldenen Löwen (der Hauptpreis des Festivals) nehmen – ähnlich wie in Cannes – abendfüllende Spielfilme aus aller Welt teil. Meist werden von der Vorjury rund 20 Filme ausgewählt, darunter finden sich oft langgediente Teilnehmer des Festivals wie Woody Allen (immer außer Konkurrenz) oder Takeshi Kitano. Eine Jury, zusammengesetzt nach ähnlichen Kriterien wie in Cannes, vergibt folgende Preise in diesem Wettbewerb: Den Goldenen Löwen (bester Film),

den Großen Preis der Jury (Silberner Löwe), einen Regie-
preis, einen Preis für eine herausragende künstlerische
Einzelleistung, die beiden Schauspielerpreise (Coppa
Volpi), sowie den Marcello-Mastroianni-Preis für das
beste Nachwuchstalent unter den Darstellern.

Fuori Concorso

Auch in Venedig zeigen viele US-Studios ihre Herbst-
Blockbuster außer Konkurrenz. Der Nutzen für die Stu-
dios: Publicity in der Lagunenstadt für ihre neuen Filme.
Der Nutzen des Festivals: Viel Aufsehen um die Stars,
die gerne eifrig mit dem Boot durch die Stadt flitzen und
dabei von Paparazzi abgelichtet werden.

Controcorrente (Upstream)

In dieser Sektion landen meist die Erstlingsarbeiten
begabter RegisseurInnen. Im Unterschied zu Cannes
werden hier auch Preise verliehen, und zwar von einer
eigenen Jury. Der beste Film erhält den San Marco Preis,
ebenso belohnt werden der beste Regisseur, sowie die
besten Darsteller.

Nuovi territori

Diese Reihe verschreibt sich konsequent dem alter-
nativen, experimentellen und zuweilen auch unbeque-
men Filmschaffen. Vom Selbstverständnis her ist man
ständig „auf der Suche" nach neuen Richtungen und
Strömungen, sowohl inhaltlicher als auch formaler Na-
tur. Eine Spielwiese voller Entdeckungen, ein „Fenster
in die Zukunft", in dem nicht nur abendfüllende, sondern auch kurze und mittellange Filme zu sehen sind.

Settimana della critica

Die italienische Filmkritikervereinigung erwählt sieben Filme für diese Reihe, und vergibt abschließend einen Preis.

Venice Screenings

Relativ neu ist die Bestrebung, am Lido einen Filmmarkt a là Cannes zu etablieren. Bislang war Venedig eher Mekka der Journalisten, seit einiger Zeit wächst aber auch die Anzahl der Filmeinkäufer. Zahlreiche Stände werben mit Filmen unterschiedlichster Art, Screenings in kleineren Projektionsräumen zeigen jede Menge Filmware. Bisher blieb die Bemühung des Festivals freilich ein Experiment. Denn der Filmmarkt in Cannes ist schon allein wegen seiner Größe, seines Angebots und seines Rufs nicht einzuholen. Venedig liebt's bescheiden.

Schaulustige vor dem Festivalzentrum Palazzo del Cinema am Lido

NACH VENEDIG ALS FILMEMACHER

Wie auch beim Festival in Cannes sind die Chancen, einen Film im Wettbewerb oder in den anderen Sektionen unterzubringen, gering. Denn auch hier zählen nicht nur Qualität und Filmkunst, sondern auch persönliche Kontakte und Netzwerke in Form der nationalen Filminstitute. Dennoch war Venedig in den letzten Jahren stets experimentierfreudiger, was das Programm angeht. Nicht selten fanden sich unabhängige Filmproduktionen in einer der Festivalreihen wieder.

Für den internationalen Wettbewerb sollte Ihr Film folgende Bedingungen erfüllen: Der Film sollte eine Weltpremiere, zumindest aber eine Premiere außerhalb seines Ursprungslandes sein und zum ersten Mal in Italien aufgeführt werden. Die akzeptierten Formate sind 35mm und 70mm. Auch Kurzfilme werden in einem eigenen Kurzfilmwettbewerb gezeigt, die Länge sollte dabei 10 Minuten nicht überschreiten.

Für die Sektion Controcorrente gelten im Prinzip die gleichen Regeln, nur für Nuovi Territori ist man relativ offen: Dort werden auch Dokus und Experimentalfilme auf Video oder DVD anerkannt.

Erstlingsfilmer haben, egal in welcher Sektion ihr Film ausgewählt wurde, die Chance auf den Luigi de Laurentiis-Award, der für das beste Filmdebüt vergeben wird. Das Preisgeld von 100.000 Euro wird zwischen Regisseur und Produzent geteilt, der Regisseur bekommt zusätzlich 20.000 Meter Filmmaterial von Kodak.

Der Festivaldirektor spricht die Einladungen an sämtliche ausgewählte Filme aus. Voraussetzung ist auch hier eine penible Vorbereitung: Ein korrekt ausgefülltes Teilnehmerformular, eine ausführliche Beschreibung des Films in Italienisch, Englisch oder Französisch, die Biografie des Regisseurs, eine Liste von Cast und Crew, ein Presseheft, sowie eventuell eine Transkription des Dialogs. Und natürlich eine Ansichtskopie Ihres Films, mindestens als VHS-Kassette, aber auch als DVD, DigiBeta oder Filmprint (35mm oder 16mm).

Weitere Details rund um die Einreichung finden Sie unter http://www.labiennale.org/en/cinema/regulations/

NACH DER AUSWAHL

Wurde Ihr Film ausgewählt, verpflichten Sie sich zu Stillschweigen, bis das Festival auf seiner offiziellen Pressekonferenz das Programm enthüllt. Also bitte keine voreiligen Freudentänze in der Öffentlichkeit.

Mit dem Vorbereiten von Pressematerial verhält es sich nicht viel anders als beim Festival in Cannes. Bei der Vorbereitung der Vorführkopien gilt folgendes zu beachten: Das Festival fordert gleich zwei Kopien; eine in Originalversion mit italienischen Untertiteln, eine in Originalversion mit englischen Untertiteln (zwei Kopien sind nicht billig!), sowie eine VHS oder DVD mit englischen Untertiteln für den internen Festivalgebrauch. Sämtliche Kosten, auch für Untertitelung, liegen beim Produzenten des Films, respektive bei Ihnen.

Außerdem müssen Sie alle wichtigen Infos (Cast, Crew, Biografie, Synopsis) auch für den offiziellen Festivalkatalog bereitstellen. Rechnen Sie mit der Erstellung von rund 2000 Presseheften (Wettbewerb), wobei Sie hier sowohl in englischer als auch in italienischer Sprache Ausgaben produzieren lassen sollten. Außerdem werden 400 Fotos oder Dias (Wettbewerb) von Standbildern aus Ihrem Film benötigt. Parallel dazu etablierte sich unter www.image.net in den letzten Jahren auch eine Online-Plattform für die Presse, auf der sämtliche Standfotos und Pressehefte zum Download angeboten werden.

AM FESTIVAL TEILNEHMEN, WENN SIE KEINEN FILM DORT HABEN

An einer Akkreditierung führt auch in Venedig nichts vorbei, wenn Sie wirklich hautnah am Geschehen sein wollen. Wie in Cannes sind die begehrtesten Ausweise jene von der Presse, weil sie (fast) alle Türen öffnen. Auch hier gibt es Klassifizierungen, um Tageszeitungs- von Magazin- oder TV-Journalisten zu unterscheiden.

Neben Presse-Akkreditierungen gibt es auch solche für die Branche, sowie für Filmstudenten (accrediti cinema) und Filmeinkäufer oder –verkäufer. Prinzipiell gelten ähnliche Maßstäbe für die Erlangung einer Akkreditierung wie in Cannes, die Details dazu erfahren Sie unter http://www.labiennale.org/en/cinema/accreditations.

Sollten Sie keine Akkreditierung erhalten, haben Sie immer noch die Möglichkeit, Filme anzusehen, indem Sie sich Tickets direkt an den Schaltern vor dem Palazzo del Cinema oder via Internet kaufen. Venedig ist – wie schon erwähnt – ein Publikumsfestival. Doch Vorsicht: Nur spezielle, als „publicco" ausgewiesene Screenings sind auch für die „normalen" Kinogänger zugänglich. Auch hier gilt: Zuerst einen Überblick verschaffen, denn die Anzahl der Screenings steht denen in Cannes um nichts nach. Darüber hinaus zeigte das Festival in der Vergangenheit einige seiner beliebtesten Filme auch in den Multiplex-Kinos außerhalb der Stadt (in Mestre), meist an einem der letzten Festivaltage.

Aktuelle Informationen über das Festivalgeschehen finden sich in den beiden Festival-Dailys „Ciak Mostra" und „Film TV Daily", die während des Festivals täglich erscheinen. Leider sind die meisten Texte in italienischer Sprache verfasst, doch die Hauptartikel finden sich jeweils am Ende der Blätter in englischer Übersetzung.

Wenn Sie übrigens einmal genug haben vom Festival-

rummel, dann tauchen Sie doch ab: In der Adria, die direkt vor Ihren Füßen beginnt! Das Wetter in den ersten September-Tagen lädt meist zum Baden ein, anders als in Cannes, wo das Wasser im Frühjahr noch recht eisig sein kann.

Das Casino am Lido

VENEDIG HOT SPOTS

Auch während des Festivals von Venedig tut sich einiges, wenngleich die Lagunenstadt was Filmpartys und – empfänge anbelangt Cannes hinterher hinkt. Dennoch: Einige dieser Locations sollten Sie auf jeden Fall besuchen:

THE WESTIN EXCELSIOR

Sozusagen das schlagende Herz der „Mostra del Cinema". Vor allem auf der Terrasse des Fünf-Sterne-Hotels tummelt sich alles, was Rang und Namen hat im Filmgeschäft. Wer Glück hat, läuft an dem Zigarre rauchenden Harvey Weinstein ebenso vorbei wie an Schauspiel-Stars und Starlets. Das Hotel liegt schräg gegenüber dem Palazzo del Cinema, während des Festivals sind dort die meisten Rahmenveranstaltungen und Interview-Sessions angesagt. Viele Stars kommen mit dem Boot an der Rückseite des Hotels an, an der Vorderseite gibt es einen großen Strand. Mit einer Akkreditierung ist der Zutritt ins Hotel kein Problem, aber auch ohne sind schon Schaulustige ins Innere vorgedrungen.

Übrigens existiert ein geheimer unterirdischer Gang vom Excelsior zum Palazzo del Cinema, der dazu diente, die VIPs ungesehen herüber zu bringen. Heute wird der Gang nur mehr hotelintern benutzt, Gina Lolobrigida soll 1960 die letzte gewesen sein, die durch den Geheimgang kam.

HOTEL DES BAINS

Das Des Bains ist das älteste Hotel am Lido und ist während des Festivals nicht nur beliebter Treffpunkt und

Interview-Ort, sondern auch selbst eine Art Filmstar. Für Lucino Viscontis „Tod in Venedig" diente es als opulente Kulisse, für „Der englische Patient" doubelte es das Shepheard Hotel in Kairo.

LION'S BAR

Mal abgesehen davon, dass man das Nachtleben am Lido mit dem in Venedig sicher nicht vergleichen kann, ist während des Festivals doch einiges los. In der Lion's Bar, zwischen Palazzo del Cinema und Excelsior gelegen, trifft man zu jeder Tageszeit die unterschiedlichsten Festivalbesucher. Ein Campari im Sonnenuntergang zahlt sich aus, obwohl die Preise recht anspruchsvoll sind.

QUATRO FONTANE

Das Restaurant an der Rückseite des Casinos (neben dem Palazzo del Cinema) gilt als eines der besten der Insel, vor allem im Gastgarten trifft sich gerne die Créme-de-la-créme des Filmbiz zum Lunch oder Dinner.

MOJITO

Das Mojito in der Nähe des Hotel des Bains zieht junge, hippe Leute an, Cocktails gibt es ab 4 Euro.

ACROPOLIS

Der Club, gelegen gegenüber des Hotel des Bains, zählt ebenso wie das Pachuka zu den angesagtesten Locations am Lido.

NACH VENEDIG ALS JOURNALIST

In Venedig herrscht ein ebenso starker Run auf die Presseakkreditierungen (http://www.labiennale.org/en/cinema/accreditations/) wie in Cannes. Es ist ratsam, sich bereits früh (Ende Mai) um die Anträge zu kümmern. Unterschieden wird prinzipiell zwischen Tages- (quotidiani) und Wochen- oder Monatspresse (periodici). Sind die Vorführungen überfüllt, werden oft zusätzliche Screenings eingeschoben.

Das größte Kino, Sala Palagalileo, an der Rückseite des Palazzo del Cinema, hat 1300 Sitzplätze, die vor allem in den Hauptabend-Vorführungen schnell voll sind.

Einige wichtige Treffpunkte für Journalisten in Venedig:

Casino

Kein Spielcasino, sondern jene Lokalität neben dem Palazzo del Cinema, in dem sämtliche Infrastruktur für Journalisten untergebracht ist. Rechts vor dem Casino befindet sich das Akkreditierungsbüro, in dem die Ausweise bereitliegen. Im Erdgeschoss findet sich nicht nur eine eigens für das Festival aufgebaute, gut bestückte Buchhandlung (meist italienische Bücher), sondern auch das Kino „Sala Perla" mit 400 Sitzplätzen. Im Keller sind die Pressefächer, sowie ein Büro für Bild- und Videomaterial untergebracht. Im ersten Stock gibt es einen großzügigen „Sala Stampa" mit einigen Dutzend Computern zur freien Verwendung für die Presse. Auch Internet-Steckplätze für Laptops, Kopierer und Telefone sind vorhanden.

Im Dachgeschoß des Casinos finden die Pressekonferenzen und Photo Calls zu den Filmen statt. Beim Einlass gilt weniger die Art Ihres Ausweises (Tages- oder Wochenzeitung), sondern das Prinzip: Wer zuerst kommt, mahlt zuerst.

Palazzo del Cinema

Abends der Nabel der Filmfestspiele mit Rotem Teppich (der hier des öfteren blau ist!), untertags auch Ort von Presse- und Public-Screenings. Gerade bei den Nachmittagsvorstellungen kann es Ihnen passieren, dass sie hier zwischen Faye Dunaway, Mick Jagger oder Ed Harris sitzen.

Cinema Garden

Rechts neben dem Casino findet sich der Cinema Garden. In verschiedenen Zelten sind Filmkommissionen, Filmzeitschriften, Bars und auch ein Postschalter untergebracht. Abends lässt es sich hier entspannen: In einem eigens abgetrennten Bereich (zugänglich mit dem Presseausweis) kann man sich gar mit einer Shiatsu-Massage verwöhnen lassen. Die Italiener lieben's gemütlich – chillen ist angesagt.

VENEDIG VON A-Z

ANREISE

Venedig liegt im Wasser vor der Küste von Mestre, in Norditalien.

Flugzeug

Der Marco Polo-Flughafen von Venedig liegt am Festland (ca. 10 Kilometer entfernt), ausgezeichnete Shuttle-Services befördern aber direkt zum Lido (Fahrtzeit: ca. 60 Minuten). Am zweiten Flugplatz, Verona, landen Direktflüge aus London, Paris oder Frankfurt.

Bahn

Mit der Eisenbahn gelangen Sie bis zum Kopfbahnhof Santa Lucia, an dessen Ende unmittelbar das Wasser beginnt. Von dort geht es weiter mit einer der zahllosen Vaporetti in Richtung Lido („Per Lido") – Fahrtzeit vom Bahnhof zum Lido: Je nach Linie zwischen 30 und 60 Minuten.

Auto

Obwohl es in Venedig keinerlei Autos gibt (mangels Straßen), sind am Lido Autos kein Problem. Nachdem Sie über die lange Brücke Richtung Venedig gefahren sind, zweigen sie gleich bei einer der ersten Kreuzungen rechts ab (Schilder: „Ferry Boat Lido"). Dann reihen Sie sich in die meist langen Kolonnen wartender Fahrer ein, um mit dem Tronchetto, einer großen Autofähre, zum Lido überzusetzen. Die Fahrt ist nicht billig: Für einen normalen PKW berappen Sie in etwa 20 Euro. Auf dem Lido können Sie sich mit dem Fahrzeug frei bewegen – fürs Parken gilt das allerdings nicht. Viele Straßen sind Kurzparkzonen, Tickets lösen nicht vergessen! Wer falsch parkt, wird gnadenlos abgeschleppt – und das Auto landet auf einem sechs Kilometer entfernten Parkplatz. Die Abschleppkosten liegen zwischen 100 und 200 Euro.

Im allgemeinen sind während des Festivals sehr viele Autos am Lido, es ist daher eine Anreise mit Flugzeug oder Bahn empfehlenswerter.

AUSKUNFT VOR DER REISE

Wer sich informieren will, sollte bei www.lidovenezia.it vorbeischauen (Infos auch auf Deutsch).

STRÄNDE

Baden in den ersten Septembertagen beschert ein wunderbares Erlebnis bei bester Wasserqualität. Die Strände am Lido sind überwiegend privat, bzw. gehören zu den großen Hotels. Wer sich dort in der Sonne räkeln will, muss zwischen 20 und 45 Euro pro Badetag ablegen. Das Wasser jedoch ist für alle zugänglich. Also: In der Nähe des Wassers bleiben, nicht lange am selben Fleck ausharren, dann kann niemand was dagegen haben. Selbstverständlich gibt es auch öffentliche Strände, die für jedermann zugänglich sind, etwa den Caribe Beach, der Spiaggia San Nicolo, der Spiaggia Alberoni oder der Spiaggia Comunale, die allesamt per Bus erreichbar sind.

BANKEN UND KREDITKARTEN

Bankomaten gibt es zuhauf entlang der Hauptstraße Viale S. Maria Elisabetta, Kreditkarten wie Visa oder Master Card werden weithin akzeptiert.

ESSEN UND TRINKEN

Die italienische Küche ist bekannt für ihre Bekömmlichkeit. Bei der Wahl eines Restaurants können Sie fast ncihts falsch machen, solange Sie sich für italienische Speisen von Pizza bis Pasta entscheiden. Die Preise am Lido sind moderat.

LIDO DI VENEZIA

Die 12 Kilometer lange Insel, die vor der Stadt Venedig in der Adria liegt, hat etwa 30.000 Einwohner. Im Sommer ist der Lido ein beliebtes Ziel für Touristen – lange Strände und eine gute Wasserqualität laden zum Verweilen ein. Die Hauptstraße des Lido ist die Gran Viale S. Maria Elisabetta, wo sich zahlreiche Geschäfte, Hotels, Bars und Cafés befinden.

NOTRUF

Die Polizei am Lido erreicht man unter 113, die Feuerwehr unter 115, die Rettung unter 118.

SHOPPING

Der Lido ist nicht unbedingt die erste Adresse, um einzukaufen. Da lohnt sich ein Trip hinüber nach Venedig. Dennoch finden sich auf der Gran Viale SM Elisabetta zahlreiche Geschäfte, darunter auch Supermärkte (Billa).

SPRACHE

Wer des Italienischen nicht mächtig ist, kommt am Lido auch mit Englisch, fallweise sogar mit Deutsch weiter.

TELEFONIEREN

Wer sich die teuren Roaming-Gebühren der italienischen Handy-Betreiber ersparen will (das günstigste ist „Wind"), der kauft sich an einem Kiosk („Tabacchi") eine Wertkarte um 5 Euro für die öffentlichen Telefone, die es zahlreich gibt.

ÖFFENTLICHE VERKEHRSMITTEL

Am Lido verkehren zahlreiche Busse, die Linie B fährt vom Anlegeplatz an der SM Elisabetta direkt zum Festivalgelände beim Casino. Die Preise pro Fahrt bewegen sich um 1 Euro.

Taxis sind während des Festivals Mangelware. Wenn Sie in Venedig selbst wohnen, finden Sie zahlreiche Bootslinien, die sie hin und retour bringen. Ein Wochenpass kostet ca. 30 Euro. Anlegestellen am Lido sind nicht nur bei der Hauptstrasse SM Elisabetta, sondern auch direkt hinter dem Casino, beim Festivalzentrum (hierher fahren allerdings nur wenige Linien!)

TRINKGELD

Obwohl es nicht mehr allzu üblich ist, Trinkgeld in den Wassertaxis oder in Gondeln zu geben, kommt es immer noch gut, eine kleine Aufmerksamkeit zu zeigen. Auch in Restaurants und Bars ist es nicht notwendig, aber höflich.

TICKETS

Tickets können Sie nicht nur an den Kassen vor dem Casino am Lido erstehen, sondern auch via Internet unter www.labiennale.org

Journalisten warten auf eine Pressekonferenz im Hyatt

INT. FILMFESTSPIELE BERLIN

**INTERNATIONALE
FILMFESTSPIELE BERLIN**

Potsdamer Straße 5, D-10785 Berlin

Tel.: (+49) 30 25 920- 0
Fax: (+49) 30 25 920-299

E-Mail: info@berlinale.de
Website: www.berlinale.de

Berlin,
Gegründet 1951

Termin: Anfang bis
Mitte Februar

Hauptpreis:
Goldener Bär

**BERLIN TOURISMUS
MARKETING GMBH**

Am Karlsbad 11
D-10785 Berlin

Tel. + 49 - (0) 30 - 25 00 25
Fax +49 (0)30 25 00 24 24

Email: information@btm.de
Web: www.btm.de

-BERLIN-

Seit Dieter Kosslick die Berlinale 2002 übernommen hat, sind nicht nur die Stars nach Berlin zurückgekehrt, sondern auch die deutschen Filme. Kosslick hat sich zum Ziel gesetzt, den deutschen Film nachhaltig zu unterstützen, was 2003 in vier, 2004 in zwei Festivalteilnahmen deutscher Filme im Wettbewerb um den Goldenen Bären Ausdruck fand. 2004 gewann sogar ein deutscher Film: „Gegen die Wand" von Fatih Akin, der erste deutsche Bären-Preisträger nach 18 Jahren Durststrecke.

Die Berlinale ist aber auch eine Startrampe für große (US-)Produktionen, die im Frühjahr in die deutschen oder österreichischen Kinos kommen.

Neben Venedig ist auch die Berlinale ein Publikumsfestival, Kinos gibt es in der deutschen Hauptstadt genug, und durch die oftmalige Wiederholung der Wettbewerbsfilme haben die meisten Filmfans auch außerhalb des Festivalbetriebs die Möglichkeit, die Filme zu sehen. Was man allerdings in Kauf nehmen muss, sind lange Schlangen vor den Ticket-Schaltern am Potsdamer Platz. Unglaubliche 370.000 Kinokarten verkaufte man 2003 wäh-

rend des Festivals, die Berlinale ist damit eines der am stärks-
ten frequentierten Filmfestivals weltweit. Zehn Festivalkinos
stehen zur Verfügung und beherbergen jedes Jahr rund 1400
Vorstellungen. Der Andrang der Presse ist nahezu gleich
wie in Cannes: Jedes Jahr akkreditieren sich rund 3700 Journalisten aus über 80 Ländern der Welt.

GESCHICHTE

Die Geschichte der Berlinale begann 1951, als auf In-
itiative der drei Westalliierten die erste Filmschau über
die Bühne ging. Eröffnet wurde damals mit Hitchcocks
„Rebecca", Hauptdarstellerin Joan Fontaine war einer der
umjubelten Premierengäste. Schon damals dauerte das
Festival zwölf Tage, das Berliner Publikum machte es zu
einem großen Erfolg. Für Besucher aus dem Ost-Sektor
der Stadt wurden die Filme in einem eigenen Kino zu
ermäßigten Preisen gezeigt.

Die Goldenen und Silbernen Bären wurden schon bei
der ersten Berlinale verliehen, und nach der Gleichstel-
lung des Festivals durch die internationale Produzenten-
vereinigung FIAPF mit Cannes und Venedig berief das
Festival 1956 erstmals eine internationale Jury ein. Sehr
schnell wurde die Berlinale zu einem wichtigen Teil des
Festivalgeschehens. An großen Namen mangelte es nie:
Bereits zu den ersten Ausgaben der Berlinale kamen Grö-
ßen wie Sophia Loren, Gary Cooper, Errol Flynn, Jean
Gabin, Henry Fonda, Cary Grant, Jean-Paul Belmondo
oder Rita Hayworth nach Berlin.

Viele Regisseure – von Akira Kurosawa, Ingmar Bergman oder Roman Polanski bis zu Jean-Luc Godard, Francois Truffaut oder Claude Chabrol – hatten in Berlin ihre ersten großen Erfolge.

Die 60er Jahre brachten – wie auch bei den anderen großen Festivals – politisch und gesellschaftlich bedingte Unruhe ins Festivalgeschehen, was im Fall der Berlinale mit einem Eklat rund um den Vietnam-Film „O.K." von Paul Verhoeven (1970) gipfelte. Der Wettbewerb wurde abgebrochen, die Jury trat zurück. Der Ruf nach einer unabhängigen, eigenständigen Festivalreihe für das junge, innovative Kino wurde laut. Seither übernahm das „Internationale Forum des jungen Films" diese Aufgabe.

Filme aus sozialistischen Staaten hatten es bis in die 70er Jahre schwer, am Festival teilzunehmen. Erst die Unterzeichnung der Ostverträge Anfang der 70er und Willy Brandts politische Initiativen ermöglichten eine Teilnahme von Filmen aus dem Ostblock. 1974 lief ein Film aus der UdSSR, 1975 einer aus der DDR.

Erst 1978 wurde das Festival von seinem ursprünglichen Sommer-Termin auf den Winter verlegt, um die zeitgleich stattfindende Filmmesse (heute European Film Market) zu stärken. Eine Deutsche Reihe und das Kinderfilmfest wurden eingeführt, und das Festival konzentrierte sich vermehrt auf Filme aus dem Osten. Die Schiene Panorama entwickelte sich.

Ab 1979 leitete Moritz de Hadeln das Festival, vormals Locarno-Chef. Im Vordergrund stand die Verbesserung der Verhältnisse zwischen Ost und West, und die Berlinale bewies immer wieder, eine wichtige Brücke zwischen den Blöcken zu sein. Nach der Wende blieb das Festival ein großes Spektakel internationaler Filmkunst, ehe es 2000 von seinen alten Standorten im ehemaligen Westberlin an den neu errichteten Potsdamer Platz übersiedelte. Das Flair einer Multiplex-Umgebung hat dem Glamour jedoch keinen Abbruch getan. Seit Dieter Kosslick 2001 das Festival übernommen hat, kommen wieder jede Menge Stars an die Spree. Kosslick trat an, um auch den ein wenig in Vergessenheit geratenen deutschen Film zu stärken. Er gründete die Sektion „Perspektive Deutsches Kino" und hievte zahlreiche deutsche Filme in den Wettbewerb. 2004 glückte das Experiment, als Fatih Akins „Gegen die Wand" der erste deutsche Berlinale-Sieger seit 18 Jahren wurde.

Die Festival-Charta

Aus der Festival-Charta der Berlinale: „Im Zentrum der Hauptstadt Berlin, einer Stadt der kulturellen Begegnungen, bilden die Internationalen Filmfestspiele eine Plattform im Dienst der Filmkunst und der Filmindustrie. Ihr Ziel ist es, eine bessere Zusammenarbeit und Verständigung zwischen den Kulturen zu fördern, indem sie innovative und wertvolle Filme präsentieren".

DIE FESTIVAL-SEKTIONEN

Wettbewerb

In Berlin besteht der internationale Wettbewerb aus etwas mehr als 20 Filmen, eine Jury wählt den besten davon aus und überreicht ihm den Goldenen Bären.

Daneben werden hier aber noch andere Bären verliehen, und zwar Silberne: Der große Preis der Jury, sowie silberne Bären für die beste Regie, die besten männlichen und weiblichen Schauspielleistungen, für die beste künstlerische (Einzel)-Leistung und die beste Filmmusik. Auch wird der „Blaue Engel" (nach dem gleichnamigen Film mit Marlene Dietrich benannt) für den besten europäischen Film vergeben, ebenso wie der Alfred-Bauer-Preis (in Erinnerung an den Gründer des Festivals), der für Spielfilme überreicht wird, die neue Perspektiven in der Filmkunst eröffnen. Die Jury kann nicht mehrere Preise an ein und denselben Film vergeben, ausgenommen sind die Darstellerpreise, der „Blaue Engel" sowie der Alfred-Bauer-Preis. Neben dem Hauptbewerb werden auch Goldene Bären in einem eigenen Kurzfilmwettbewerb verliehen. Vorrang haben im Wettbewerb übrigens Weltpremieren.

Außer Konkurrenz

So wie in Cannes und Venedig zeigt auch die Berlinale stets einige Filme außer Konkurrenz, die in erster Linie große Namen nach Berlin bringen sollen.

Panorama

Das Panorama ist eine der spannendsten Festivalreihen bei der Berlinale. Seit den späten 70er Jahren finden hier nicht nur erstklassige Autorenfilme renommierter Regisseure eine Heimat, sondern durchaus auch innovatives Genrekino. 18 Spielfilme (und ca. 10 Dokumentarfilme in der Sub-Reihe Panorama Dokumente) werden ausgewählt, darüber hinaus zeigt das Panorama Special auch mal Filme von US-Majors. Die Panorama-Kurzfilme machen die Reihe komplett, die sozusagen fast ein eigenes Festival innerhalb des Festivals darstellt. Preise werden in dieser Sektion allerdings keine verliehen.

Forum

Das Internationale Forum des Jungen Films gehört eigentlich nicht unmittelbar zur Berlinale, sondern wird vom Verein Freunde der Deutschen Kinemathek eigenverantwortlich durchgeführt. Es will formale und thematische Strömungen innerhalb des Weltkinos aufspüren und präsentieren. Formale und ästhetische Experimente, avantgardistische Ansprüche und Grenzbereiche finden hier ihre Entsprechung. Preise werden keine verliehen.

Perspektive Deutsches Kino

Eine relativ neue Reihe, von Dieter Kosslick zur Stärkung des deutschen Films eingeführt. Gezeigt wird junges deutsches Kino unterschiedlichster Art.

Kinderfilmfest

Beim Kinderfilmfest stehen Filme im Vordergrund, die sich für ein sehr junges Publikum eignen. Diese Schiene ist zweigeteilt: In jene Filme für die ganz Kleinen und in jene für Teenager mit dem Subtitel 14plus.

Retrospektive

Eine Retrospektive rundet das Filmangebot ab. 2004 wurden etwa Klassiker aus der Zeit des „New Hollywood" gezeigt.

NACH BERLIN ALS FILMEMACHER

Wer einen Film zum Wettbewerb oder für die anderen Programmsektionen einreichen will, sollte sich die sehr gut aufgeschlüsselten Informationen auf www.berlinale.de ansehen. Die Berlinale-Website bietet im Vergleich zu Cannes oder Venedig die größte Übersichtlichkeit und beantwortet nahezu alle Fragen von Format und Länge über Untertitel bis hin zu Kosten für Transport und Unterbringung vor Ort.

Nach der Auswahl

Auch hier gilt das gleiche wie für Cannes und Venedig: Erst mal Stillschweigen, bis das Programm der Öffentlichkeit präsentiert wird. Wer für eine Sektion in Berlin ausgewählt wurde, darf sich darüber freuen, beim zweitwichtigsten Festival der Welt dabei zu sein. Denn mit dem neuen Chef Dieter Kosslick bekam das Festival neuen Schwung und sorgte nicht nur in Deutschland sondern auch international wieder für mehr Aufmerksamkeit.

Legen Sie sich also ins Zeug, und bereiten Sie die schon in den vorangegangenen Kapiteln besprochenen Kopien und Unterlagen für die Presse so gewissenhaft wie möglich vor. Bedenken Sie, dass auch hier gilt: Wer unter der Vielzahl der Filme auffallen will, muss einprägsame Werbemittel bereitstellen – vom Plakat bis zum Pressefoto.

AM FESTIVAL TEILNEHMEN, WENN SIE KEINEN FILM DORT HABEN

Das alte Spiel rund um die Akkreditierung wird auch in Berlin gespielt. Die Deutschen sind nur in ihrer Organisation und ihrer Schnelligkeit unschlagbar. Wer ein E-Mail ans Gäste- oder Pressebüro der Berlinale schickt, darf mit einer sehr schnellen Antwort rechnen, während man in Cannes oder Venedig schon mehr Geduld haben muss.

Ansonsten ist Berlin immer eine Reise wert: Denn in dieser historischen Stadt gibt es unglaublich viel zu entdecken. Vielleicht liegen die Entdeckungen nicht unbedingt im Festivalzentrum rund um den Potsdamer Platz, und vielleicht bläst einem der kalte Februar-Wind ständig unangenehm um die Ohren – aber es lohnt sich.

Die Akkreditierung bei der Berlinale ist sowohl für die Presse als auch für die Branche möglich und folgt ähnlichen Vergaberichtlinien wie bei den anderen Festivals. Detaillierte Infos finden Sie unter www.berlinale.de.

BERLINALE HOT SPOTS

Wenn Sie als Filmemacher nach Kontakten auf der Berlinale suchen, sollten Sie unbedingt in den folgenden Locations vorbeischauen (wobei Sie sich auch auf eine Entdeckungsreise ins „wirkliche" Berlin abseits des neu aus dem Boden gestampften Postdamer Platzes begeben sollten):

BERLINALE-PALAST

Unter dem Jahr als Theater genutzt, finden hier die meisten Vorführungen des Wettbewerbs statt. Morgens und Mittags für die Presse, abends für geladene Gäste. Der Bau am Marlene-Dietrich-Platz ist nämlich gleichzeitig für die Galapremieren reserviert, die Stars laufen dort über den Roten Teppich.

CINEMAXX

Das Multiplex-Kinocenter, nur wenige Schritte vom Berlinale-Palast entfernt, beherbergt Screenings aus allen Sektionen und ist wohl das meistbesuchte Kino der Berlinale. Wiewohl am Charme eines Multiplex gezweifelt werden darf, ist das Cinemaxx mit seinen zwei Bars auch ein beliebter Treffpunkt von Filmern und Medienleuten zwischen zwei Screenings.

BERLINALE TALENT CAMPUS

Seit 2002 Anlaufstelle für FilmstudentInnen aus aller Welt: Im Haus der Kulturen der Welt kommen jedes Jahr hunderte angehende Filmschaffende zum Erfahrungsaustausch zusammen, Lectures mit bekannten Filmemachern und Diskussionen ergeben den idealen Ausgangspunkt für viel versprechende neue Kontakte. Wer sich anmelden möchte, kann dies unter www.berlinale-talentcampus.de tun.

EUROPEAN FILM MARKET

Untergebracht in einem Gebäude gleich neben dem Berlinale Palast am Marlene-Dietrich-Platz, bietet der Filmmarkt ebenso ideale Kontaktmöglichkeiten. Filmkommissionen aus ganz Europa stellen hier ihre aktuellen Produktionen aus. Der Treffpunkt ist vor allem für Filmeinkäufer interessant, doch auch Filmemacher finden hier Ansprechpersonen für künftige Projekte. Seit 1978 gibt es den Filmmarkt, der sich durch den Termin im Februar zu einem wichtigen Pendant zu den Märkten in Cannes oder den USA etablierte.

Detaillierte Infos zum Markt finden Sie auch unter www.berlinale.de in der Rubrik Markt.

HOTELS

Die Vier- oder Fünf-Sterne-Hotels rund um den Potsdamer Platz (darunter das Hyatt, das Madison oder das Ritz-Carlton) sind der Nabel der Starwelt während des Festivals. Im Hyatt ist zudem die gesamte Infrastruktur für die Presse untergebracht. Viele der hochrangigen Berlinale-Gäste steigen auch im unweit gelegenen Adlon (beim Brandenburger Tor) ab, oder im Four Seasons. Meistens finden in den Suiten dieser Hotels Interviews und kleinere Pressekonferenzen statt. Der Zugang ist für Akkreditierte problemlos möglich, Schaulustige werden unter Umständen abgewiesen.

SONY CENTER

Der gigantische Gebäudekomplex am Potsdamer Platz beherbergt während der Berlinale viele Screenings, vor allem in den Sektionen Panorama und Forum. Darüber hinaus findet sich dort das Berliner Filmmuseum (Schwerpunkt Deutsche Filmgeschichte) sowie die für die sonst recht kühle und triste Atmosphäre des Potsdamer Platzes recht einladende Cocktail-Bar Billy Wilder's.

NACH BERLIN ALS JOURNALIST

Im Unterschied zu Cannes oder Venedig ist man bei der Presseabteilung der Berlinale extrem genau und schnell. Eingegangene Anträge oder E-Mail-Anfragen werden in der Regel überaus schnell bearbeitet. Alle Informationen über Presse-Akkreditierungen finden Sie unter www.berlinale.de. Grundsätzlich unterscheidet sich das Spiel mit der Akkreditierung kaum von dem bei den anderen Festivals, außer, dass eine Bearbeitungsgebühr von rund 30 Euro bei Abholung der Ausweise im Pressecenter im Hyatt Hotel berappt werden muss. Der Katalog kostet mit einem Gutschein nur fünf Euro, wer ein Pressefach zugeteilt bekommt, muss für den Schlüssel ebenfalls fünf Euro Kaution hinterlegen. Besonders gut ausgestattet ist die Berlinale mit Infrastruktur für Journalisten: Neben umfassenden Infos auf der Website gibt es vor Ort ein großes Schreibzimmer (im Hyatt), Schneideplätze für TV-Teams, Services für Fotografen sowie einen Gratis-Presseshuttle, der akkreditierte Journalisten vom Potsdamer Platz zu den wichtigsten Hotels und zurück chauffiert.

Einige wichtige Treffpunkte für Journalisten in Berlin

Berlinale Palast und Cinemaxx-Kino

Hier finden die Pressescreenings des Wettbewerbs statt. Gerade für die Mittagsscreenings im Berlinale-Palast ist es ratsam, eine halbe Stunde vor Beginn da zu sein, sonst ist die freie Platzwahl sehr eingeschränkt. Im Berlinale-

Palast befinden sich auch die Pressefächer, Räume für Interviews sowie der Nachtclub Adagio im Keller des Gebäudes, in dem gelegentlich Premierenfeiern stattfinden.

Hyatt Hotel
Im Hyatt befindet sich die gesamte Infrastruktur: Hier finden Pressekonferenzen und Fotocalls statt, hier bekommt man die Akkreditierung und Gratis-Tickets für Zusatzveranstaltungen. Das Schreibzimmer wurde neuerdings auch im Hyatt eingerichtet.

BERLIN VON A-Z

ANREISE

Flugzeug
In Berlin gibt es drei Flughäfen: Tempelhof, Tegel und Schönefeld. Die ersten beiden liegen quasi mitten in der Stadt, bequeme Busverbindungen bringen Sie in ca. 30 Minuten zum Potsdamer Platz. Schönefeld liegt außerhalb Berlins, doch die Bahnanbindung ist exzellent.

Bahn
Mit der Bahn können Sie in Berlin entweder bis Ostbahnhof oder Zoologischer Garten fahren. Die meisten internationalen Reisezüge halten an beiden Bahnhöfen.

Auto
Wer mit dem Auto nach Berlin kommt, muss sich be-

wusst sein, dass er in eine Großstadt fährt – und damit auch jede Menge Staus und Parkplatzprobleme in Kauf nehmen muss.

AUSKUNFT VOR DER REISE

Wer sich informieren will, sollte bei www.berlin.de vorbeischauen.

BANKEN UND KREDITKARTEN

Der Potsdamer Platz ist geradezu gepflastert mit Bankomaten, Kreditkarten aller Art sind in Deutschland kein Problem.

ESSEN UND TRINKEN

Rund um das Festivalzentrum am Potsdamer Platz haben viele Restaurants und Fast Food-Ketten aufgesperrt, das Angebot ist dementsprechend vielfältig, wenngleich nicht unbedingt überall genießbar. Für einen schnellen Snack reicht es aber.

SHOPPING

Zwar wurde am Potsdamer Platz ein Komplex namens „Arcaden" errichtet, in dem sich alles findet, was es anderswo auch gibt, doch wer exklusiver shoppen möchte, sieht sich auf der Friedrichsstrasse im neuen Nobelbezirk Mitte um.

TELEFONIEREN

Die Roaming-Gebühren der deutschen Mobilfunkbetreiber sind sehr teuer, weshalb sich die Anschaffung eines Prepaid-Handys lohnt, vor allem, wenn Sie öfter in Deutschland zu tun haben.

POTSDAMER PLATZ

Bis 1989 war hier ein unbebautes Gelände, dass von der Berliner Mauer durchschnitten wurde. Heute steht hier der modernste Stadtteil Berlins, dem es zwar an Größe nicht mangelt, dafür aber an Charme. Für Mauertouristen wurde der Verlauf der Mauer in den Boden gefräst.

NOTRUF

Die Polizei in Berlin erreicht man unter 110, die Feuerwehr unter 112, den ärztlichen Bereitschaftsdienst unter (030) 31 00 31.

ÖFFENTLICHE VERKEHRSMITTEL

Berlin hat ein sehr gutes öffentliches Verkehrsnetz, eine 7-Tages-Karte für die innenstädtischen Zonen kostet etwa 23 Euro. Alle Linien und Fahrpläne lassen sich unter der Website der Berliner Verkehrsgesellschaft (www.bvg.de) abrufen.

TRINKGELD

Desöfteren passiert es, dass man in Deutschland überrascht ist, wenn Trinkgeld gegeben wird. Wenn Sie also knapp bei Kasse sind, können Sie auch mal drauf verzichten.

TICKETS

Tickets gibt es in den Verkaufstellen der Arcaden neben dem Berlinale-Palast (hier bilden sich lange Schlangen schon in den Morgenstunden), sowie unter www.berlinale.de. Am Ticktcounter im Hyatt bekommen Presseakkreditierte Gratis-Karten für Zusatzvorstellungen.

WASSER

Jedes Jahr sponsert ein großer Mineralwasserhersteller die Berlinale mit jeder Menge Gratis-Wasser. Obwohl es im Februar empfindlich kalt sein kann, ist das Wasser ein willkommenes Geschenk, das Akkreditierte auch in Cannes oder Venedig gerne sehen würden.

WETTER

Das Berlinale-Wetter im eiskalten und windigen Februar läßt zumeist zu wünschen übrig. Fest Jacken und Kopfbedeckungen sollten zu Ihrem Standard-Repertoire gehören. Regenschirm ist Pflicht!

ANHANG I:
DIE WICHTIGSTEN PRESSEAGENTEN

Presseagenten sind auf Filmfestivals sehr wichtig. Den Filmemachern helfen sie, ihre Filme optimal in der Öffentlichkeit darzustellen. Dazu gehören neben Presse- und Fernsehinterviews auch öffentliche Auftritte bei der Premiere und anderen Veranstaltungen, sowie Betreuung für Pressematerialien. Für Journalisten sind Pressebetreuer die erste Anlaufstelle, wenn es um Interviews oder Fotowünsche geht. Nachfolgend einige der wichtigsten Pressebetreuer der internationalen (europäischen) Filmfestivalszene:

McDonald & Rutter
Ansprechperson: Charles McDonald, Jonathan Rutter
34 Bloomsbury Street
London WC1B 3QJ
Tel: (+44) (0) 20 7637 2600
Fax: (+ 44) (0) 20 7637 3690
E-mail: info@mcdonaldrutter.com
www.mcdonaldrutter.com

Premier Public Relations
Ansprechperson: Ginger Corbett
91 Berwick Street
Soho
London W1F 0NE
Tel: (+44) (0)20 7292 8330
Fax: (+44) (0)20 7734 2024
E-mail: feedback@premierpr.com
www.premierpr.com

DDA Public Relations Ltd
Ansprechperson: Anna Nicoll
192-198 Vauxhall Bridge Road
London SW1V 1DX
Tel: (+44) (0)20 7932 9800
Fax: (+44) (0)20 7932 4950
E-mail: info@ddaPR.com
www.ddaPR.com

Richard Lormand - Film Press Plus
Ansprechperson: Richard Lormand
Tel: (+33) 60/949 79 25
Fax: (+33) 1/480 480 43
E-mail: info@filmpressplus.com
www.filmpressplus.com

SPEZIELL DEUTSCHSPRACHIGE PRESSE:

Pressebüro Wolfgang W. Werner
Ansprechperson: Wolfgang W. Werner
Leopoldstr. 35, 80802 München
Tel: (+49) 089/ 3838 67 0
Fax: (+49) 089/ 3838 67 11
E-Mail: wwwernerpr@aol.com

Just Publicity
Agentur für Presse- und Öffentlichkeitsarbeit GmbH
Ansprechperson: Anke Zindler
Erhardtstr.8
D-80469 München
Tel: (+49) 89/20 20 82 60

Fax: (+49) 89/20 20 82 89
E-Mail: infoweb@just-publicity.de
www.just-publicity.de

Filmpresse Meuser

Ansprechperson: Gisela Meuser
Egenolffstr. 13, 60376 Frankfurt am Main
Tel.: 069 / 40 58 04 0
Fax: 069 / 40 58 04 13
E-mail: g.meuser@filmpresse-meuser.de

ANHANG II: CANNES - ÜBERSICHTSPLAN

Im schwarzen Kreis: Das Festivalzentrum Palais des Festivals

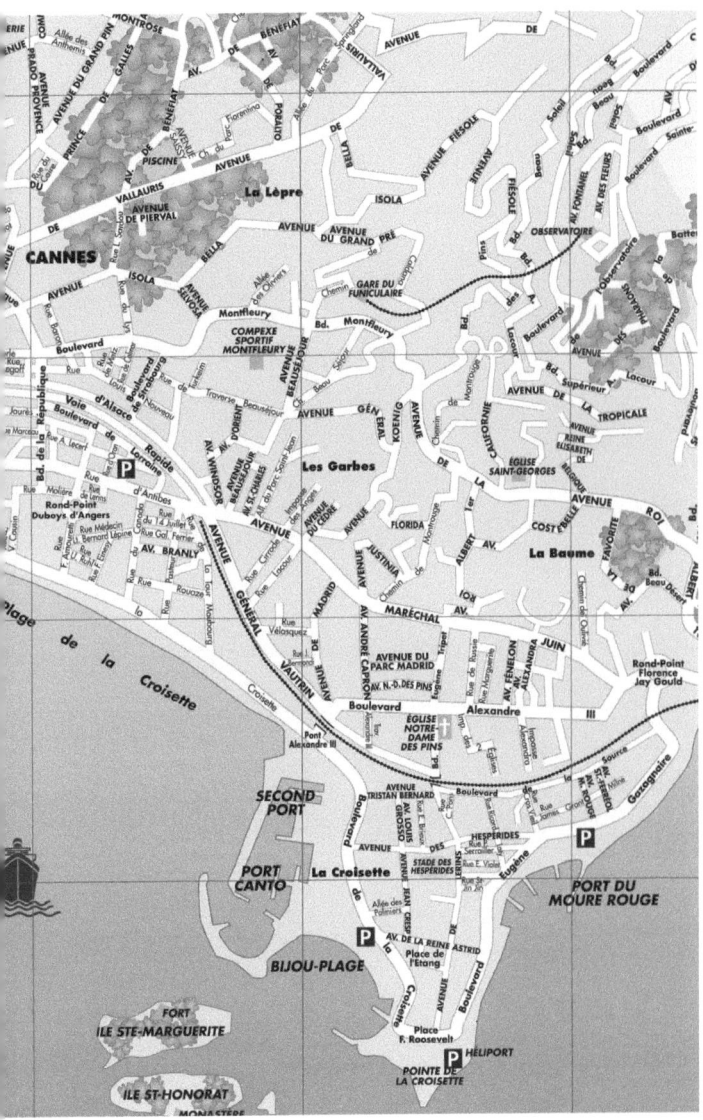

Abdruck der Karte mit freundlicher Genehmigung des Office du Tourisme, Cannes

celluloid

DIE ÖSTERREICHISCHE FILMZEITSCHRIFT

Festival

Abo-Aktion

Ein Jahr celluloid

(4 Ausgaben) zum Aktions-Preis
von EUR 12.00 (statt EUR 18.90)

Gilt innerhalb Österreichs, zuzügl. Porto. Bestellungen bitte an
celluloid@eudoramail.com
Name, Anschrift und Stichwort „Festival" nicht vergessen.

w w w . c e l l u l o i d . a t